80분에 마스터한다!

초 간 단

재무제표

입문

비즈니스맨은 재무제표를 피할 수 없다

당신은 숫자에 능숙한 편인가요, 아니면 잘 못하는 편인가요? 이 책을 손에 들었다는 것은 아마도 숫자에 미숙하다는 의미일 것입니다. 서투름을 넘어 숫자 알레르기가 있을지도 모릅니다. 하지만 비즈니스 세계에서는 숫자를 피할 수 없습니다.

그중에서도 절대 피할 수 없는 숫자가 바로 재무제표입니다. 재무제표는 피할 수 없을 뿐만 아니라, 비즈니스맨에게는 이를 읽고, 분석하고, 비즈니스에 활용하는 능력이 필수적입니다. 앞으로는 재무제표를 읽지 못한다면, 치열한 글로벌 비즈니스 세계에서 살아남기 힘들 것입니다. 다시 말해, 비즈니스 세계에서 뒤처지지 않으려면 재무제표를 읽는 능력이 필수입니다. 왜냐하면 회사를 둘러싼 환경은 모두 숫자로 이루어져 있기 때문입니다.

대화에 숫자를 넣으면 설득력이 높아진다!

한번 생각해보세요. 만약 이 시스템을 도입하면 업무 효율이 크게 향상될 것입니다라고 제안하는 것과 이 시스템을 도입하면 업무 효율이 50% 향상됩니다라고 제안하는 경우 중 어느 쪽에 더 마음이 끌리나요? 실제로 A사는 도입 후 평균 야근 시간을 30시간에서 15시간으로 줄이는 데 성공했습니다라는 제안과 업무 효율이 50% 향상됩니다라는 제안을 비교해본다면, 후자가 더 설득력 있게 다가올 것입니다.

이처럼 대화에 숫자를 넣으면 설득력이 훨씬 높아집니다. 그리고 대화에서 숫자를 사용하려면 항상 숫자로 생각하는 습관을 가져야 합니다. 저는 리츠메이칸대학교에 입학했지만 거기에 만족하지 않고 공인회계사 시험을 준비해 재학 중 합격했습니다. 졸업 후에는 딜로이트 토즈 그룹에서 다양한 업종의 회계감사와 내부통제 감사를 수행했으며, 2013년에 독립하여 현재는 연매출 10억 원 이상의 7개 회사를 운영하고 있습니다. 이 책은 제가 경험한 회계 지식을 바탕으로, 숫자에 약한 사람들도 80분 만에 재무제표를 읽고 분석하여 비즈니스에 활용할 수 있도록 돕기 위해 썼습니다. 책은 일러스트와 도표로 가득 차 있어 쉽게 재무제표를 이해하고 마스터할 수 있도록 구성되어 있습니다.

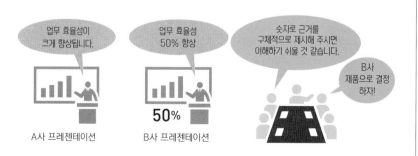

A사 프레젠테이션   B사 프레젠테이션

덧셈, 뺄셈, 나눗셈을 할 수 있다면 재무제표를 읽을 수 있다!

"숫자는 물론이고 계산도 잘 못해서…"라며 재무제표 공부를 주저하는 분들도 있을 겁니다. 그러나 걱정할 필요 없습니다. 사실 재무제표는 덧셈, 뺄셈, 나눗셈만 할 줄 알면 충분히 읽고 분석할 수 있습니다 (곱셈은 조금만 알면 됩니다). 그러니 덧셈, 뺄셈, 나눗셈을 모르는 분은 이 책을 읽지 마세요.

이 책은 외국계 회계법인 출신의 숫자 전문가가 쓴, 숫자 알레르기가 있는 사람들을 위한 재무제표 마스터입니다. 일러스트와 함께 어려운 내용을 쉽게 풀어 설명하며, 독자가 재무제표를 이해하는 데 도움을 주기 위해 기초적인 내용부터 차근차근 설명하고 있습니다. 재무제표를

재무제표는 덧셈, 뺄셈, 나눗셈만 할 수 있다면 누구나 쉽게 읽을 수 있습니다.

그럼 괜찮겠다! 열심히 해보자!

처음부터 어렵다고 생각하지 마세요! 함께 마스터하자!

완벽히 이해하려고 하지 않아도 됩니다. 70~80% 정도만 이해해도 충분합니다. 책을 다 읽을 즈음에는 재무제표를 읽고 분석할 수 있는 능력이 자연스럽게 향상될 것입니다.

그러나 여기서 중요한 점이 하나 있습니다. 재무제표는 기업마다 각기 다르게 작성되며, 회계 용어 역시 회사마다 상이할 수 있습니다. 이책에서 배운 내용만으로 모든 재무제표를 쉽게 이해할 수는 없습니다. 다양한 용어와 항목들이 책에서 접했던 것과 다를 수 있고, 때로는 재무제표를 보고도 이 책에서 배운 것이 쓸모없다고 느낄 수도 있습니다. 그 이유는 재무제표는 각 회사의 특성과 상황에 따라 다르게 작성되기 때문입니다. 특히 회계 관련 업종에 종사하지 않는 사람이라면 모든 용어와 항목을 이해하는 것은 쉽지 않을 수 있습니다. 그러나 재무제표의 기본 원리만 알고 있으면, 기본 틀을 보고 세부 항목들을 찾아보며 충분히 파악할 수 있습니다.

따라서 재무제표의 세부적인 항목들을 모두 이해하려고 하기보다는, 기본 원리와 구조를 파악하는 것에 집중해야 합니다. 세부 용어에 집착하다 보면 재무제표를 이해하는 것이 오히려 어려워지고, 포기할 가능성도 높아집니다.

CONTENTS

Part 1 재무제표란 무엇인가요? 어떻게 활용할까요?

Part ❷ 손익계산서(P/L)의 기초를 마스터하자!

Part ③

재무상태표(B/S)의 기초를 마스터하자!

Part **4** 현금흐름표(C/S)의
기초를 마스터하자!

바로 알고 싶은
Part ❺ **재무제표에 대한**
궁금증을 풀어드립니다!

재무제표란 무엇일까요?
어떻게 활용할까요?

우선, 재무제표란 무엇일까요?
또한, 재무제표를 통해 어떤 정보를 얻을 수 있으며,
어떻게 활용할까요?
먼저, 제무제표의 기본적인 개념을 이해해 봅시다.

80분 만에 재무제표의
기초를 마스터하고 숫자
알레르기를 극복합시다!

빠른 속도로
마스터하자!

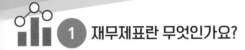

회사의 성적표이자 건강진단서
1년간의 활동을 한 눈에 볼 수 있는 것

> 어딘지 모르게 수수한 회사네요.

> 멋진 건물이네. 돈도 많이 벌고 있겠지?

> 그 회사, 돈 잘 벌고 있다던데 정말일까?

하지만 실제로는...

하지만 실제로는...

> 돈을 돌려줘야 하는데 지갑이 텅텅 비어 있네. 어떻게 해야 하나...

> 올해도 많이 벌었네. 현금도 많고, 투자자에게 배당을 늘리자!

> 재무제표는 회사의 성적표이자 건강 진단서입니다. 겉모습만으로는 알 수 없는 그 회사의 상태를 한눈에 알 수 있습니다!

> 재무제표를 보는 것만으로도 회사의 실적과 건강상태를 알 수 있다니!

그 회사의 1년간의 활동과 결과가 적혀있다

재무제표는 그 회사의 1년간 활동과 그 결과를 기록한, 말하자면 성적 표이자 건강진단서입니다.

회사는 매일 사업을 운영하며 돈을 벌고, 때로는 손해를 보기도 합니다. 손해를 봤을 때는 직시하기 어려울 수 있지만, 회사는 매일의 활동을 수치로 기록해야 할 의무가 있습니다. 그 기록이 바로 재무제표입니다.

재무제표를 보면 그 회사의 현재 상태를 알 수 있다

즉, 재무제표를 보면 그 회사가 1년 동안 어떤 활동을 했고, 그 결과로 얼마를 벌어 얼마의 이익을 얻었는지, 어떤 자산을 가지고 있으며 그 자산을 어떻게 조달했는지, 그리고 돈의 흐름이 어떻게 이루어졌는지까지 모두 알 수 있습니다.

또한, 수익을 냈다면 왜 수익을 냈는지, 손해를 봤다면 왜 손해를 봤는지 그 이유도 파악할 수 있습니다.

재무제표를 읽을 수 있다면, 그 회사의 성적이 좋은지 나쁜지, 그리고 재무 상태가 건강한지 불건전한지 판단할 수 있게 됩니다.

Check!

● 재무제표는 회사의 활동을 수치화한 것이다
● 재무제표를 읽으면 회사의 실적이 좋은지 나쁜지, 건강한지 아픈지 알 수 있다

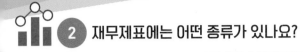

제무제표는
손익계산서, 재무상태표,현금흐름표 등이 있다

각가 파악할 수 있는 것이 다르다

재무제표에는 크게 세 가지 종류가 있습니다. 회사의 실적과 수익성을 알 수 있는 손익계산서(Profit and Loss Statement, P/L), 회사의 재무 상태와 안전성을 알 수 있는 재무상태표(Balance Sheet, B/S), 그리고 회사의 자금 흐름을 알 수 있는현금흐름표(Cash Flow Statement, C/S)입니다.

재무제표는 결산서라고도 부릅니다. 이 세 가지를 각각 분석할 수도 있고, 세 기지를 종합하여 분석할 수도 있습니다. 이를 통해 회사의 1년간 활동과 그 결과를 다양한 각도에서 파악할 수 있습니다.

손익계산서	예시(발췌)
	(단위: 백만 원)

매출액	**156,527**
매출원가	56,277
매출총이익	**100,250**
판매비와 관리비	90,651
영업이익	**9,599**
기타수익	344
기타비용	212
금융수익	106
금융비용	2,394
법인세비용차감전손익	**7,443**
법인세비용	3,148
법인세 등 조정금액	▲685
당기순이익	**4,980**

회사의 실적, 수익성을 알 수 있다

Part 2
(P33 ~ 64)
에서 자세히 설명

16

재무상태표 예시(발췌)

(단위: 백만 원)

자산 부문		부채 부문	
유동자산		유동부채	
현금및현금성자산	63,738	매입채무	30,181
단기금융상품	56,581	단기차입금	2,020
매출채권	35,079	미지급금	24,839
선급금	8,509	미지급비용	4,370
재고자산	10,301	기타	5,350
미수금	3,313	유동부채 합계	76,473
대손충당금	▲74	비유동부채	
유동자산 합계	177,449	장기차입금	10,000
비유동자산		장기매입채무	44,522
유형자산		퇴직급여충당부채	10,313
건물	47,747	기타	3,579
토지	22,954	비유동부채 합계	76,585
구축물	24,343	**부채 합계**	**153,058**
기계장치	22,335	자본 부문	
유형자산 합계	84,186	주주자본	
무형자산		자본금	19,912
영업권	14,729	자본잉여금	18,640
개발비	1,416	이익잉여금	119,242
기타	2,810	자기주식	▲4,547
비유동자산 합계	18,956	주주자본금 합계	153,248
투자자산		매도가능증권평가손익	2,279
장기금융상품	5,035	해외사업환산손익	▲6,053
장기투자상품	5,847	파생상품평가손익	▲484
기타	12,754	기타포괄손익누계액 합계	▲3,586
대손충당금	▲248	주식매수청구권	133
투자자산 합계	23,389	비지배주주지분	1,127
유동자산 합계	126,532	**자본 합계**	**150,923**
자 산 합 계	**303,981**	**부 채 및 자 본 합 계**	**303,981**

회사의 재무 안전성을 알 수 있다

Part 3
(P65 ~ 128)
에서 자세히 설명
→

현금흐름표(간접법)

예시(발췌)

회사의 자금 흐름을 알 수 있다

(단위: 억 원)

영업활동 현금흐름	**2800**
당기순이익	3378
법인세 납부액	▲1039
감가상각비	970
퇴직급여	▲500
기타	▲9
투자활동 현금흐름	**▲2420**
토지의 취득	▲1894
유가증권 증감액	10
개발비의 지급	▲527
기타	▲8
재무활동 현금흐름	**▲959**
단기차입금의 차입	75
사채의 상환	▲874
자기주식 취득	▲105
기타	▲56
현금및현금성자산의 환율변동효과	**▲131**
현금및현금성자산의 순증감	**▲711**
현금및현금성자산의 잔액	**7572**
이자지급부채 잔액	**217**

재무제표에는 크게 3가지 종류가 있습니다. 이 3가지를 재무제표라고 부르기도 합니다.

Part 4
(P129 ~ 160)
에서 자세히 설명
→

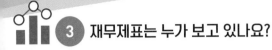

3 재무제표는 누가 보고 있나요?

경영자, 직원, 돈을 빌려준 사람, 출자한 사람, 거래처 등

좋은 성적을 받기를 바라는 사람이 본다

그런데 재무제표는 누가 읽는 것일까? 그 생각을 하기 전에 자신을 되돌아봅시다.

학창시절 당신의 성적표는 누가 보았나요?

당신과 당신의 부모님, 담임선생님은 물론이고 학원 선생님이나 과외 선생님도 보았을 것입니다. 입학시험을 볼 때 내신 성적표라는 중학교, 고등학교 3년간의 성적표를 지원 학교에 제출했었을 것입니다.

그렇다면 당신의 성적표를 본 사람은 당신과 어떤 관계가 있는 사람일까요?

당신이 '좋은 성적을 받았으면 좋겠다'고 바라는 사람이 아닐까요?

▼ 회사의 이해관계자들이 재무제표를 보고 있다!

경영자 — 보상 / 경영

투자자 — 배당금 / 출자

직원 — 임금 / 노동력

거래처 — 대가 / 상품과 서비스

고객 — 상품과 서비스 / 대가

은행 — 원금과 이자 / 융자

올해 성적은 어떨까? 건강은 괜찮을까?

18

주목해야 할 것은 회사와 이해관계가 있는 사람

회사의 경우도 마찬가지입니다. 그 회사가 좋은 성과를 내고, 재정적으로 건강하길 바라는 사람들입니다. 그 회사에서 운영을 하거나, 일하거나, 거래를 하거나, 돈을 빌려주거나, 주식을 사는 사람들(출자자)입니다. 이들을 이해관계자라고 부릅니다.

그렇다면, 만약 이해관계자가 회사의 실적을 알지 못한다면 어떻게 될까요? 파산할지 모르는 회사와는 거래하고 싶지 않을 것이고, 돈을 빌려주거나 투자하지 않을 것입니다. 또한, 그곳에서 일하고 싶어 하지도 않을 것입니다.

그렇기 때문에 경영자, 거래처, 은행, 투자자 등은 반드시 재무제표를 읽습니다.

회사에서 일하고 있는 당신, 또는 앞으로 일할 예정인 당신이나, 그 회사의 물건을 사는 고객으로서도 재무제표를 읽지 못하면 곤란한 상황에 처할 수 있습니다.

재무제표를 읽으면 거래나 투자를 해도 되는지, 더 나아가 그 회사에 언제 투자해야 하는지도 알 수 있습니다!

재무제표를 보면 무엇을 알 수 있나요?

수익이 나는지, 파산하지 않는지, 성장 가능성이 있는지 등을 알 수 있다

재무제표에는 회사의 돈에 관한 모든 것이 기록되어 있다

재무제표에는 세 가지 종류가 있다고 말씀드렸습니다. 다시 한번 설명 드리면, 회사의 실적과 수익성을 알 수 있는 손익계산서, 회사의 재무 상태와 안전성을 알 수 있는 재무상태표, 그리고 회사의 자금 흐름과 성장성을 알 수 있는 현금흐름표입니다. 이 세 가지를 보면 회사의 자금 흐름을 모두 파악할 수 있습니다. 각각에 대한 자세한 내용은 Part 2에서 다뤄보겠습니다.

손익계산서, 재무상태표, 현금흐름표는 각각의 역할이 있으며, 서로 다른 관점에서 회사를 분석할 수 있습니다. 그러나 단독으로 보는 것뿐만 아니라 이들 간의 연관성을 이해하는 것이 중요합니다. 예를 들어, 손익계산서의 특정 숫자가 재무상태표의 항목과 어떻게 연결되는지, 현금흐름표의 숫자가 손익계산서와 어떤 관계가 있는지를 알게 되면, 회사의 상태를 더욱 깊이 있게 이해할 수 있습니다. 이 책에서는 그러한 관계와 분석 방법도 함께 알려드립니다.

세 가지가 있다고? 다 읽어야 한다고요?

세 가지 종류의 재무제표 각각도 중요하지만, 숫자의 관계에도 주목합시다!

20

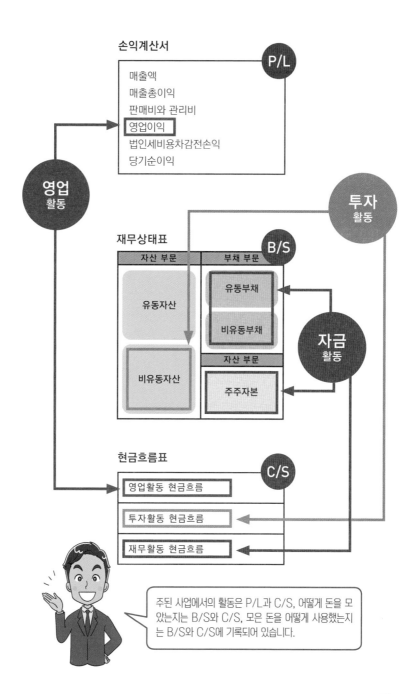

손익계산서 P/L

매출액
매출총이익
판매비와 관리비
영업이익
법인세비용차감전손익
당기순이익

영업 활동

투자 활동

재무상태표 B/S

자산 부문	부채 부문
유동자산	유동부채
	비유동부채
	자산 부문
비유동자산	주주자본

자금 활동

현금흐름표 C/S

영업활동 현금흐름

투자활동 현금흐름

재무활동 현금흐름

주된 사업에서의 활동은 P/L과 C/S, 어떻게 돈을 모으는지는 B/S와 C/S, 모은 돈을 어떻게 사용했는지는 B/S와 C/S에 기록되어 있습니다.

21

5 재무제표는 꼭 작성해야 하는 건가요?

재무제표를
작성하는 것은 회사의 의무

Part2 이후에 재무제표에 대한 자세한 설명을 시작하기 전에, 먼저 재무제표의 기본적인 사항을 짚고 넘어가겠습니다.

재무제표 작성은 법적으로 의무화되어 있다

재무제표는 법적으로 의무적으로 작성해야 합니다. 이는 대기업이든, 창업한 지 얼마 되지 않은 스타트업이든, 동네 가게나 개인사업자든 모두 해당됩니다.

매년 1회 이상 재무제표를 작성하고, 벌어들인 수익에 대해 세금을 납부하기 위해 세무서에 제출하는 것 또한 의무화되어 있습니다.

모든 회사는 최소 1년에 한 번 재무제표를 작성할 의무가 있다!

재무제표
작성했다!

재무제표
보여주고 싶지
않아~!

안 돼, 제대로
만들어야 해!

개인사업자

어, 우리도?

개인사업자의 경우 복식부기의무자부터 재무제표 작성
의무가 있습니다.

칼럼

회사는
영원히 지속될 것을 전제로 한다

　재무제표는 회사가 지속적으로 사업을 영위할 것을 전제로 작성됩니다. 여기서 지속적이라는 것은 미래에 걸쳐 무기한으로 사업을 계속할 것을 전제로 하는 사고방식을 의미하며, 이를 계속기업(Going Concern)이라고 합니다.

　회사는 파산하지 않고 지속적으로 발전하는 것을 목표로 경영을 이어가며, 재무제표 역시 이러한 전제를 바탕으로 작성됩니다.

　비록 회사가 영원할 것처럼 보일 수 있지만, 부도가 나지 않는다고 장담할 수는 없습니다. 만약 회사의 경영상태나 재무상태를 제대로 파악하지 못한다면, 거래처, 소비자, 돈을 빌려주는 은행 등 이해관계자들은 곤란을 겪을 것입니다.

　따라서, 회계 규칙에 따라 계속기업을 전제로 하되, 회사의 활동을 1년 단위로 나누어 재무제표를 작성하는 것입니다.

만약 재무제표가 없었다면…

돈을 빌려주세요

전에 빌려준 돈을 갚기 전에 또 빌리러 왔어!

빌려줘도 괜찮을까? 경영상태를 알 수 있는 자료가 있으면 좋겠는데…

BANK

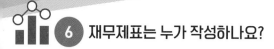

6 재무제표는 누가 작성하나요?

회사의 회계 담당자입니다

재무제표는 회사의 회계 담당자가 작성한다

재무제표는 누가 작성하는지 알고 계십니까? 회사 사장님일까요? 아니면 영업 부서장일까요?

정답은 회사의 경리 부서나 회계 담당자입니다.

일상적인 돈의 움직임을 바탕으로 작성한다

하지만 회계 부서나 회계 담당자가 재무제표를 마음대로 작성하는 것은 아닙니다.

거래명세서나 영수증 등 일상적인 사업에서 발생한 돈의 흐름을 기록한 서류를 수집하고 정리한 후, 결산 잔액을 확정합니다. 이 데이터를 바탕으로 손익계산서, 재무상태표, 현금흐름표 등 재무제표를 작성합니다.

또한, 재무제표를 작성하려면 부기나 회계에 대한 지식이 필요합니다. 그래서 경우에 따라서는 외부 회계사가 재무제표 작성에 참여하기도 합니다.

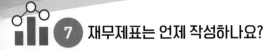

7 재무제표는 언제 작성하나요?

결산일로부터 3개월 이내 작성

결산일로부터 3개월 이내 세무서에 제출

앞서 말씀드린 것처럼, 회사는 1년에 한 번 이상 회사 활동의 성과를 수치로 기록한 재무제표를 작성할 의무가 있습니다. 하지만 언제든 원하는 시기에 작성할 수 있는 것은 아닙니다.

법인세법에 따르면, 사업연도 종료일 다음 날부터 원칙적으로 3개월 이내에 세금을 신고하고 납부해야 합니다.

여기서 사업연도 종료일이란 결산일을 의미합니다. 예를 들어, 4월 1일부터 3월 31일까지를 사업연도로 하는 회사의 경우, 3월 31일이 결산일이며, 그로부터 3개월 이내에 세무서에 재무제표를 제출해야 합니다.

재무제표는 원칙적으로 결산일로부터 3개월 이내에 세무서에 제출해야 합니다.

그래서 빨리 정산하라는 건가…

그렇게 단기간에 만들 수 있군요. 대단하네요.

그러니 빨리 교통비를 정산해주세요!

회계 담당자

26

법인세법과 회사법의 차이점도 있다

단, 법인세 신고 기한은 일정한 사유가 있을 경우 연장할 수 있습니다. 그중 하나는 감사인의 회계감사를 받아야 하는 등의 이유로 결산이 확정되지 않은 경우입니다.

법인세 신고는 원칙적으로 회계감사인과 주주총회의 승인을 받아 확정된 결산을 기준으로 합니다. 회사법에 따르면, 주주총회는 결산일로부터 3개월 이내에 개최해야 한다고 규정되어 있기 때문에, 이 특례에 따라 법인세 신고 기한을 1개월 연장할 수 있도록 허용하고 있습니다.

또한, 재해 등 부득이한 사유로 인해 2개월 이내에 신고할 수 없는 경우에는, 재해 등이 종료된 날로부터 2개월 이내에 한해 신고 연장이 인정됩니다.

▼ 재무제표는 언제까지 만들어야 하나요?

법인세법	원칙적으로 기업은 결산일의 다음 날부터 3개월 이내에 재무제표를 세무서에 제출하고, 이를 토대로 신고 및 납세해야 합니다.
회사법	회사는 원칙적으로 결산일로부터 3개월 이내에 주주총회를 개최해야 하며, 신고기한은 최대 2개월까지 연장할 수 있습니다.

감사인의 회계감사와 주주총회의 승인을 받아 확정된 결산을 바탕으로 법인세를 신고하기 때문에 주주총회 개최 전까지 신고를 연장할 수 있습니다.

현금 입금 = 매출이 아니다

현금이 움직였을 때 처리하는 현금주의

우리가 가계부나 용돈부를 작성할 때, 물건이나 서비스를 구입하고 돈을 지불한 날에 결제가 있었다고 기록합니다. 즉, 현금을 지불하거나 수령한 후에야 회계처리를 하는 것이다. 이를 현금주의라고 합니다.

현금주의

햄버거 세트 주세요.

8000원입니다.

SUPER MARKET

햄버거 세트
8000원
가계부

햄버거 세트
8000원
장부

현금주의는 현금을 지불하거나 수령하는 시점에 회계를 처리합니다.

회사 회계는 발생주의

그렇다면 회사의 경우는 어떨까?

회사의 회계는 발생주의를 채택하고 있습니다. 발생주의는 회계 세계에서는 상품을 인도하는 단계에서 판매자 측에는 돈을 받을 수 있는 권리가 발생하고, 구매자 측에 돈을 지불할 의무가 발생했다고 봅니다. 전문 용어를 사용하면 지출 및 수입의 필요성(＝경제적 사실)이 발생한 기간에 계상해야 한다는 것입니다.

즉, 발생주의로 회계처리를 하면 반드시 수입＝수익과 지출＝비용이 성립하는 것은 아닙니다.

발생주의

주문한 상품이 도착했나요?

도착했습니다. 대금은 다음 달에 지불합니다.

SUPER MARKET

돈을 받을 권리 가 발생   돈을 지불할 의무 가 발생

발생주의는 현금의 거래와 관계없이 매출의 수입과 비용의 지출 금액이 확정된 날짜에 회계처리하는 방식입니다.

거짓으로 재무제표를 작성하게 되면 범죄가 된다

재무제표에 거짓말을 하는 것을 분식회계라고 합니다

회사의 실적이 실제로는 흑자인데도 적자인 것처럼 보이게 하거나, 경영상태나 재무상태를 사실과 다르게 신고하는 것을 분식회계라고 합니다.

분식회계는 실제보다 이익을 과대 또는 과소하게 표시하거나, 매출을 부풀리거나, 미래에 발생할 매출을 미리 계상하는 등 다양한 방식으로 이루어질 수 있습니다. 예를 들어, 비용이나 부채를 누락하여 기업의 재정상태를 왜곡시키는 것도 이에 해당합니다.

만약 적자인데도 흑자인 것처럼 꾸민 재무제표를 바탕으로 은행 등에서 대출을 받았다면, 이는 사기죄 등의 형사처벌 대상이 될 수 있으며, 구속될 위험이 있습니다.

반대로 흑자인데도 적자인 것처럼 꾸며 세금을 적게 내기 위한 조작을 역분식회계라고 부릅니다. 이는 탈세로 간주되어 법적 처벌을 받을 수 있으며, 경우에 따라 구속될 가능성도 있습니다.

Check**!**
- 재무제표에 거짓말을 하는 것을 분식회계라고 한다
- 분식재무제표를 근거로 대출을 받으면 사기죄 등 형사처벌을 받을 수 있다

회사 운영자금이 부족하네.
하지만 적자라면 돈을 빌릴 수 없겠지.
재무제표에 거짓말을 해버리자!

흑자인데도 적자인 것처럼 보이게
하거나 적자인데도 흑자인 것처럼
보이게 하는 조작을 분식회계라고
합니다.

▼ 분식회계를 하면…

사실 적자인데도
거짓말을 하고 대출을
받았다고요?

들통났네.

체포하겠다!

분식회계를 하는 것은 범죄행위에
해당합니다.

한 단계 더 발전된 회계 지식

회계는 회사의 실적과 재무상태를 보고하는 활동입니다. 이를 수치로 바꾸어 장부를 작성하는 것을 부기라고 합니다.

부기에는 단식부기와 복식부기가 있습니다.

단식부기는 쉽게 말해 수입과 지출만 기록하는 방식입니다. 용돈통장이나 가계부가 이에 해당합니다.

반면, 복식부기는 거래를 여러 과목으로 나누어 기록하는 방식입니다. 복식부기에는 차변과 대변의 두 면이 있는데, 왼쪽에 차변, 오른쪽에 대변을 기입하며, 이 두 항목의 금액이 반드시 동일해야 하는 것이 원칙입니다.

이는 하나의 거래에 대해 돈의 흐름을 수입과 지출 측면에서 기록하기 위함으로, 현금이 증가하면 차변(왼쪽)에 과목과 금액을 기입하고, 현금이 감소하면 대변(오른쪽)에 과목과 금액을 기입합니다.

복식부기

현금 3억 원으로 사업을 시작하면서 2억 원은 은행에서 빌리고 1억 원은 본인이 준비한 자본금일 경우

차변		대변	
현금	3,000,000	차입금	2,000,000
		자본금	1,000,000

왼쪽에는 현금이 늘어난 것을, 오른쪽에는 그 발생 원인을 기입합니다. 그리고 차변과 대변의 금액은 반드시 일치합니다.

손익계산서(P/L)의 기초를 마스터하자!

손익계산서(P/L)는 회사의 성적표와 같습니다.
네 가지 이익 지표를 통해 회사가 이익을 내고 있는지
확실히 점검해 봅시다.

손익계산서(P/L)를 보면 그 회사가 돈을 벌고 있는지 알 수 있습니다!

우리 회사는 괜찮을까?

연간 회사의 성적표!
그 회사가 얼마를 벌었는지를 알 수 있다

A사 · 손익계산서(발췌)

(단위: 백만 원)

매출액	**156,527**	1년 동안 얼마나 팔았는지
매출원가	56,277	
매출총이익	**100,250**	
판매비와 관리비	90,651	
영업이익	**9,599**	
기타수익	344	
기타비용	212	
금융수익	106	
금융비용	2,394	
법인세비용차감전손익	**7,443**	
법인세비용	3,148	
법인세 등 조정금액	▲685	연간 얼마를 벌었는지에 대한 자료
당기순이익	**4,980**	

매출액(수익)을 얻는 과정에서 어떤 돈(비용)이 얼마나 들었는지, 얼마를 벌었는지를 한 눈에 알 수 있다.

1565억 2700만원을 팔아 49억 8000만원을 벌었다.

Check!

● 손익계산서는 매출에서 비용을 빼고 최종적으로 얼마나 이익이 났는지가 적혀 있다
● 매출을 올리는 데 드는 비용도 알 수 있다

손익계산서를 보면 그 회사의 낭비도 알 수 있다!

손익계산서(P/L)는 한 해 동안 벌어들인 수익(매출)과 지출한 비용을 통해 이익을 얼마나 냈는지, 또는 손해를 얼마나 봤는지를 보여주는 회사의 성적표입니다. 얼마나 벌었고, 그에 따른 비용을 얼마나 썼으며, 최종적으로 얼마의 이익이 남았는지를 알 수 있습니다.

즉, 손익계산서를 보면 그 회사가 어떻게 돈을 벌었고, 어떤 낭비를 했는지 파악할 수 있습니다.

예를 들어, A사와 B사의 손익계산서를 보면, 어느 회사의 성적이 좋은지, 성적이 좋지 않은 회사는 그 이유가 무엇인지 알 수 있습니다.

B사 • 손익계산서(발췌)

(단위: 백만 원)

	전기
매출액	**6,875**
매출원가	2,071
매출총이익	**4,804**
판매비와 관리비	5,013
영업이익	**▲209**
기타수익	85
기타비용	80
금융수익	49
금융비용	250
법인세비용차감전손익	**▲415**
법인세비용	25
법인세 등 조정금액	13
당기순이익	**▲454**

어이쿠, A사와 달리 아래 숫자가 더 크네!

아, 손해를 보고 있다!

68억 7500만원을 팔아 4억 5400만원의 적자를 냈다.

※ ▲는 마이너스를 나타냄

② 손익계산서는 어디서 봐야 하나요?

봐야 할 포인트는
수익, 비용, 이익의 3가지 측면이다

▼ 손익계산서의 구조

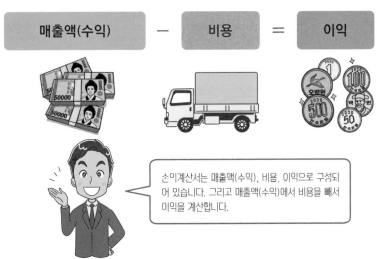

| 매출액(수익) | − | 비용 | = | 이익 |

> 손익계산서는 매출액(수익), 비용, 이익으로 구성되어 있습니다. 그리고 매출액(수익)에서 비용을 빼서 이익을 계산합니다.

손익계산서의 요소는 단 하나뿐!

손익계산서를 구성하는 요소는 물건이나 서비스를 팔아서 얻는 매출액(수익), 수익을 얻기 위해 들어간 비용, 그리고 매출액(수익)에서 비용을 뺀 후 최종적으로 남는 이익, 이 세 가지입니다.

손익계산서는 매출액(수익) - 비용 = 이익의 형태로 구성됩니다. 참고로 매출액(수익)에서 비용을 뺀 결과가 플러스면 이익이 발생하지만, 마이너스가 되면 손실이 발생합니다.

A사 · 손익계산서(발췌)

(단위: 백만 원)

매출액	**156,527**
매출원가	56,277
매출총이익	**100,250**
판매비와 관리비	90,651
영업이익	**9,599**
기타수익	344
기타비용	212
금융수익	106
금융비용	2,394
법인세비용차감전손익	**7,443**
법인세비용	3,148
법인세 등 조정금액	▲685
당기순이익	**4,980**

	수익
	비용
	이익

손익계산서는 덧셈과 뺄셈을 할 수 있으면 읽을 수 있습니다!

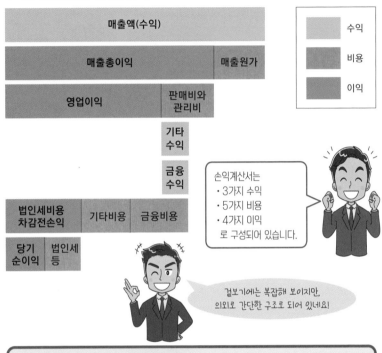

▼ 손익계산서의 4가지 이익

매출액(수익)		
매출총이익		매출원가
영업이익		판매비와 관리비
		기타 수익
		금융 수익
법인세비용 차감전손익	기타비용	금융비용
당기 순이익	법인세 등	

수익
비용
이익

손익계산서는
· 3가지 수익
· 5가지 비용
· 4가지 이익
로 구성되어 있습니다.

겉보기에는 복잡해 보이지만,
의외로 간단한 구조로 되어 있네요!

손익계산서의 이익은 한 개만 있다

손익계산서에는 매출총이익, 영업이익, 법인세비용차감전손익, 당기순이익의 네 가지 이익이 있습니다.

이 중 매출총이익부터 법인세비용차감전손익까지는 일종의 성적표에서 평가 항목에 해당한다고 볼 수 있습니다. 예를 들어, 국어 과목이라면 관심·의욕, 말하기·듣기 능력, 읽기 능력, 쓰기 능력 등의 평가 항목이 있는 것처럼, 각각의 평가가 이루어지는 것입니다.

그리고 이러한 평가 항목을 종합적으로 판단한 결과가 국어에 대한 전체 평가라면, 당기순이익은 그 평가에 해당한다고 할 수 있습니다.

수익과 비용, 이익의 관계를 이해하자

손익계산서는 아래 그림과 같이 매출액(수익)과 이익에서 각각 비용을 차감하거나 수익을 더해 손익을 계산합니다.

손익계산서를 단계별로 분석하면, 어느 단계에서 어떤 비용이 얼마나 발생했는지 파악할 수 있습니다. 이를 통해 어디를 어떻게 개선하면 기업의 성적(실적)이 좋아질지를 생각하는 데 도움이 되며, 경영 개선 계획을 세우는 데에도 유용합니다.

▼ 4가지 이익과 수익, 비용의 관계

A사 · 손익계산서(발췌)　　　(단위: 백만 원)

매출액	**156,527**
매출원가	56,277
매출총이익	**100,250**
판매비와 관리비	90,651
영업이익	**9,599**
기타수익	344
기타비용	212
금융수익	106
금융비용	2,394
법인세비용차감전손익	**7,443**
법인세비용	3,148
법인세 등 조정금액	▲685
당기순이익	**4,980**

손익계산서 계산 방법

매출액
- 매출원가
= 매출총이익
- 판매비와 관리비
= 영업이익
+ 기타수익
- 기타비용
+ 금융이익
- 금융비용
= 법인세비용차감전손익
- 법인세비용
+ 법인세 등 조정금액
= 당기순이익

매출총이익　매출액에서 물건을 만들거나 서비스를 제공하는 데 드는 비용을 뺀 금액으로 계산

영업이익　총매출액에서 영업활동을 하기 위한 비용을 뺀 계산

법인세비용차감전손익　토지나 주식을 팔아 얻은 이익, 재해로 잃은 돈 등 그 기간에만 들어오고 나간 돈도 반영해 계산

당기순이익　법인세비용차감전손익에서 법인세 등을 차감하고 남은 최종 이익

매출액은
물건을 팔거나 서비스를 제공하여 얻는 수익

▼ 매출액은 그 회사의 사업 규모를 나타낸다

A사 ● 손익계산서(발췌)　　(단위: 백만원)

매출액	**156,527**
매출원가	56,277
매출총이익	**100,250**
판매비와 관리비	90,651
영업이익	**9,599**
기타수익	344
기타비용	212
금융수익	106
금융비용	2,394
법인세비용차감전손익	**7,443**
법인세비용	3,148
법인세 등에 대한 조정	▲685
당기순이익	**4,980**

그 해만 보지 말고 과거와 비교하는 것이 중요하다!

과거 3개월 정도의 매출액을 비교하여 어떻게 변화하고 있는지를 파악하는 것이 중요합니다.

	당기(현재기간)	전기	전전기
매출액	156,527	154,063	148,306
매출액 성장률	1.60%	3.88%	2.31%

매년 매출이 증가하고 있다! 제대로 성장하고 있구나!

Check**!**

● 매출액은 물건을 팔거나 서비스를 제공함으로써 얻을 수 있는 이익의 원천이 되는 것
● 그 기업의 사업 규모를 나타낸다

매출액이 증가하고 있다면 사업 규모가 확대되고 있는 것이다!

매출액은 기업이 물건을 팔거나 서비스를 제공해 벌어들인 돈의 총합으로, 그 기업의 사업 규모를 나타냅니다. 예를 들어, 일본을 대표하는 자동차 업체인 도요타 자동차의 2019년 3월기 매출액은 30조 2300억 원입니다. 같은 자동차 업체인 닛산자동차는 11.95조 원, 혼다자동차는 15.36조 원, 마쓰다자동차는 3.4조 원입니다. 매출액을 보면 규모의 차이를 알 수 있습니다.

매출액은 변화를 보는 것이 중요하다

그림의 A사 매출액이 매 분기(매년) 증가하고 있는 기업은 순조롭게 성장하고 있는 기업이라고 할 수 있습니다. 반면, B사처럼 매출액이 감소하고 있는 기업은 비즈니스가 잘 안 되고 있는 기업입니다. 이처럼 매출액은 해당 연도뿐만 아니라 과거 몇 년치 정도를 비교하는 것이 중요합니다. 이때 금액뿐만 아니라 얼마나 증가했는지를 비율(퍼센트)로 보는 것이 포인트입니다.

참고로 전기(전년도)에 비해 매출액이 얼마나 늘어났는지를 나타내는 지표를 매출액 성장률이라고 합니다.

B사는 해마다 매출액이 줄어들고 있어.

▼ B사는 해마다 매출액이 감소하고 있었다…

	당기	전기	전전기
매출액	6,875	7,250	7,890
매출액 성장률	▲5.17%	▲8.11%	▲9.05%

매출액(수익)이 늘어나는 것을 매출액 증가, 줄어드는 것을 매출액 감소라고 합니다.

매출총이익은
매출액에서 매출원가를 뺀 이익

총매출액은 상품의 부가가치를 나타낸다

네 가지 이익의 다른 하나는 매출총이익이다. 물건을 팔거나 서비스를 제공하기 위해서는 상품을 구입하거나 재료를 사서 제조해야 합니다. 이를 위해 들어간 비용을 매출원가라고 하며, 매출액에서 매출원가(54페이지 참조)를 뺀 이익을 매출총이익이라고 합니다.

매출총이익(총매출액) = **매출액(수익)** − **매출원가**

A사 · 손익계산서(발췌)   (단위: 백만 원)

매출액	**156,527**
매출원가	56,277
매출총이익	**100,250**
판매비와 관리비	90,651
영업이익	**9,599**
기타수익	344
기타비용	212
금융수익	106
금융비용	2,394
법인세비용차감전손익	**7,443**
법인세비용	3,148
법인세 등 조정금액	▲685
당기순이익	**4,980**

부가가치를 높이면 매출총이익을 늘릴 수 있다!

매출총이익은 매출액 - 매출원가로 계산되기 때문에 매출액을 늘리거나 매출원가를 줄일 수 있다면 늘릴 수 있습니다. 하지만 상품이나 서비스의 가격을 올린다고 해서 매출액을 늘릴 수 있는 것은 아닙니다. 경쟁사가 비슷한 제품이나 서비스를 더 싼 가격에 제공한다면 소비자는 그쪽을 살 수도 있기 때문입니다. 매출총이익을 늘리려면, 예를 들어 상품을 싸게 구입한다든지, 재료비를 절감한다든지, 그 회사만이 만들 수 있는 부가가치가 높은 상품을 개발한다든지, 판매량을 늘리는 등의 방법을 생각해 볼 수 있습니다.

또한 매출총이익은 매출액에서 매출원가만을 빼고 계산하기 때문에 상품의 부가가치를 나타내는 것이기도 합니다. 따라서 매출액 대비 매출총이익의 비율이 높은 기업은 부가가치가 높은 상품과 서비스를 제공하는 경쟁력 있는 기업이라고 할 수 있습니다.

▼ 매출총이익을 늘리는 방법은?

재료비 절감	부가가치 향상	대량 판매
저렴한 가격으로 구매	남들이 흉내낼 수 없는 상품을 개발하여 높은 가격으로 판매	그 어느 때보다 많은 수의 판매

매출총이익을 늘리는 방법에는 위와 같은 것들이 있습니다.

5 손익계산서의 구조 - 이익2

영업이익을 보면 주된 사업이 잘 되고 있는지 알 수 있다

영업이익은 주된 사업에서 벌어들이는 힘을 나타낸다

영업이익은 그 기업이 주된 사업으로 얼마나 많은 돈을 벌고 있는지를 나타냅니다. 요컨대, 이 이익을 보면 주된 사업이 잘 되고 있는지 아닌지를 알 수 있습니다. 그런 의미에서 영업이익은 여러 이익 항목 중 가장 중요한 항목이라고 할 수 있습니다.

A사 · 손익계산서(발췌) (단위: 백만 원)

매출액	156,527
매출원가	56,277
매출총이익	100,250
판매비와 관리비	90,651
영업이익	9,599
기타수익	344
기타비용	212
금융수익	106
금융비용	2,394
법인세비용차감전손익	7,443
법인세비용	3,148
법인세 등 조정금액	▲685
당기순이익	4,980

B사 · 손익계산서(발췌) (단위: 백만 원)

매출액	6,875
매출원가	2,071
매출총이익	4,804
판매비와 관리비	5,013
영업이익	▲209
기타수익	85
기타비용	80
금융수익	49
금융비용	250
법인세비용차감전손익	▲415
법인세비용	25
법인세 등 조정금액	13
당기순이익	▲454

B 사는 영업 이익이 적자를 기록하고 있네!

Check!

● 영업이익으로 사업이 잘 되고 있는지 알 수 있음
● 매출총이익에서 물건이나 서비스를 제공하는 데 간접적으로 소요되는 비용을 뺀 금액으로 계산됨

판관비가 너무 많이 들어가서 주된 사업에서 수익이 나지 않습니다.

매출총이익 – 판관비로 영업이익 계산

아무리 매력적인 상품을 개발해도 소비자가 이를 알고 구매하지 않으면 매출로 이어지지 않습니다. 따라서 기업은 자사의 상품이나 서비스를 홍보하거나 영업 담당자가 영업에 나서야 합니다.

이처럼 상품을 판매하는 영업활동에 소요되는 비용과 상품이나 조직을 관리하는 데 드는 비용 등 판매부문이나 관리부문에서 발생하는 비용을 판매비와 관리비(판관비)라고 합니다.

영업이익이 마이너스라면 수익성이 없는 구조다

B사의 손익계산서를 보시면, 매출총이익보다 판관비가 더 커서 영업이익이 마이너스를 기록하고 있습니다. 이 상태를 영업손실이라고 하는데, 주된 사업으로 수익을 내지 못하고 있음을 나타냅니다. 영업이익이 마이너스인 경우, 수익을 낼 수 있는 구조를 만드는 것이 중요합니다.

영업이익	=	매출총이익	–	판매비와 관리비 (판관비)

판매비·관리비 주요 항목

급여(인건비)	—— 직원 등에게 지급하는 급여
광고 선전비	—— 상품 및 서비스 광고 홍보 비용 등
임차료	—— 사무실 및 세입자 등의 임대료
통신비	—— 전화요금, 인터넷 요금, 우편요금 등
수도광열비	—— 수도요금, 가스요금, 전기요금 등
여비교통비	—— 영업활동에 소요되는 교통비, 숙박비 등
소모품비	—— 문구류, 전구 등 비품 비용
연구개발비	—— 신상품 개발 및 기존 상품 개선에 소요되는 비용
접대비	—— 거래처를 접대할 때 식비 등
보험료	—— 화재보험료 등
감가상각비	—— 비유동자산 가치 감소분
복리후생비	—— 회사 부담 사회보험료 등

법인세비용차감전손익은 예상치 못한 손익도 반영된 이익

기타수익 및 기타비용은 일시적인 요인으로 인해 발생한 이익 또는 비용입니다.

A사 · 손익계산서(발췌) (단위: 백만 원)

매출액	**156,527**
매출원가	56,277
매출총이익	**100,250**
판매비와 관리비	90,651
영업이익	**9,599**
기타수익	344
기타비용	212
금융수익	106
금융비용	2,394
법인세비용차감전손익	**7,443**
법인세비용	3,148
법인세 등 조정금액	▲685
당기순이익	**4,980**

기타수익

주된 사업과 무관하게 일시적, 우발적으로 발생한 수익용 비유동자산 매각이익, 장기보유주식 매각이익 등

기타비용

주된 사업과 무관하게 일시적, 우발적으로 발생한 손실 재해나 화재, 도난으로 인한 손실, 대출금 연체 등

법인세비용 차감전손익 = 영업이익 + 기타 수익 − 기타 비용 + 금융 수익 − 금융 비용

Check**!**

● 예상치 못한 사건이나 일시적인 요인으로 발생한 이익을 기타수익, 같은 이유로 발생한 비용을 기타비용이라고 한다
● 이 두 가지가 너무 크면 요인을 확인해 보자

법인세차감전손익에서 일시적인 수익이나 손실을 제외한다

기업은 영속성을 전제로 운영되지만, 때로는 자연재해 등으로 인해 사업을 일시적으로 중단해야 하거나, 거래처가 파산하여 자금을 회수하지 못하는 상황이 발생할 수도 있습니다. 또한, 토지나 공장과 같은 자산을 매각하여 일시적인 수익을 얻는 경우도 있습니다. 이러한 예상치 못한 사건이나 일시적인 요인으로 발생한 수익과 손실을 각각 기타수익과 기타비용이라고 하며, 영업활동 이외의 금융거래로 발생한 금융수익(이자수익, 배당금)과 금융비용(차입금 이자, 금융상품 평가 손실)도 포함됩니다. 이러한 기타수익, 기타비용, 금융수익 및 금융비용을 영업이익에 더하고 뺀 금액이 법인세비용차감전손익입니다.

법인세차감전손익과 영업이익의 차이가 크다면 확인 필요

법인세비용차감전손익은 말 그대로 법인세를 공제하기 전의 이익을 의미하며, 이는 해당 기업에 부과될 법인세를 계산하는 기초 자료가 됩니다. 만약 법인세비용차감전손익과 영업이익 간의 차이가 크다면, 일시적인 이익이나 손실이 발생했을 가능성이 있으므로 그 원인을 확인하는 것이 좋습니다. 일반적으로 기타수익과 기타비용은 반복적으로 발생하지 않는 일시적인 이익과 손실을 포함합니다. 따라서 기타수익이 크게 발생했다고 해서 반드시 기업의 실적이 개선되었다고 판단할 수는 없습니다.

Po**i**n**t!**

법인세비용차감전손익에는 주된 사업 외의 금융 수익과 이자 비용 등이 포함

A사 • **손익계산서(발췌)**　　(단위: 백만 원)

매출액	**156,527**
매출원가	56,277
매출총이익	**100,250**
판매비와 관리비	90,651
영업이익	**9,599**
기타수익	344
기타비용	212
금융수익	106
금융비용	2,394
법인세비용차감전손익	**7,443**
법인세비용	3,148
법인세 등 조정금액	▲685
당기순이익	**4,980**

금융수익

현금성자산 및 대출 이자, 보유 주식의 배당금, (주된 사업이 부동산업이 아닌 기업의) 부동산 소득 등

금융비용

차입금 이자, (사채를 발행한 경우) 사채 이자, 주식 등 유가증권 매각 손실 등

법인세비용 차감전손익 = **영업이익** + **기타 수익** − **기타 비용** + **금융 수익** − **금융 비용**

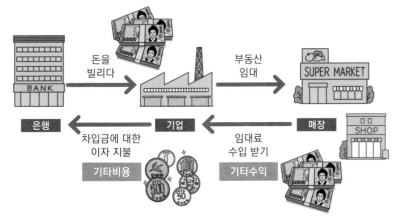

사업 외 재무활동으로 인한 손익을 반영한 이익

법인세비용차감전손익은 영업이익에 기타수익과 금융수익을 더하고, 기타비용과 금융비용을 차감하여 계산됩니다.

이 수치는 기업이 영업활동 외의 재무활동에서 발생한 수익과 비용을 포함하여 산출되는 손익을 나타내며, 기업이 안정적으로 이익을 창출할 수 있는 능력을 평가하는 중요한 지표로 사용됩니다.

참고로, 금융수익에는 현금성 자산의 이자, 보유 주식의 배당금, 그리고 부동산 수익(주된 사업이 부동산업이 아닌 경우)과 같은 자산 운용에서 얻은 수익이 포함됩니다. 반면, 금융비용에는 차입금 이자, 주식 매각 손실 등이 해당됩니다.

법인세비용차감전손익으로 자금관리가 잘 되고 있는지 알 수 있다

금융수익은 기업이 보유한 자금에서 얻는 이자 수익, 배당금 수익 또는 금융 상품의 평가 이익을 포함합니다.

반면, 금융비용은 기업이 자금이 부족할 때 차입을 통해 발생하는 이자 비용이나 금융 관련 비용을 의미합니다. 이러한 금융비용에는 은행 대출에 따른 이자 비용이나 사채 발행 비용 등이 포함되며, 재무활동에서 발생하는 비용으로 처리됩니다. 이 때문에 차입금 상환에 대한 부담이 큰 기업은 법인세비용차감전손익이 악화되는 경향이 있습니다.

Check**!**
- 영업이익으로 회사의 자금관리가 잘 되고 있는지 알 수 있다
- 차입금이 너무 많아 이자 지급에 쫓기는 기업은 법인세비용차감전손익이 악화되는 경향이 있다

당기순이익을 보면 한 해 동안 얼마나 많은 돈을 벌었는지를 알 수 있다

A사 ● 손익계산서(발췌) (단위: 백만 원)

매출액	**156,527**
매출원가	56,277
매출총이익	**100,250**
판매비와 관리비	90,651
영업이익	**9,599**
기타수익	344
기타비용	212
금융수익	106
금융비용	2,394
법인세비용차감전손익	**7,443**
법인세비용	3,148
법인세 등 조정금액	▲685
당기순이익	**4,980**

> 당기순이익은 회사가 1년 동안 벌어들인 최종 성과입니다.

당기순이익	=	법인세비용차감전 손익	−	법인세 등 세금

그 해만 보지 말고 과거와 비교하는 것이 중요하다!

	당기	전기	전전기
당기순이익	4,980	5,074	7,496
당기순이익 증가율	▲1.85%	▲32.31%	36.17%

> 매출은 늘었지만 당기순이익은 줄어들고 있네요!

l년간의 최종 이익

　네 가지 이익 중 네 번째는 당기순이익입니다. 이는 매출액에서 각종 비용과 손실, 이익을 뺀 것으로, 해당 기업이 한 해 동안 벌어들인 최종 결과물입니다. 법인세비용차감전손익에서 법인세 등 세금을 차감하여 계산되며, 최종적으로 남는 이익이기 때문에 최종이익이라고 부르기도 합니다.

당기순이익은 변화율을 보는 것이 중요

　당기순이익은 해당 회계연도의 순이익을 나타내며, 특정 연도의 성과를 평가하는 데 중요한 지표입니다. 하지만 단일 연도만을 보는 것이 아니라, 과거 몇 년 동안의 당기순이익 변화를 분석하거나, 전년도와 비교하여 변화율(백분율)을 확인하는 것이 중요합니다. 이러한 비교 분석을 경년 비교라고 합니다.

　또한, 당기순이익은 주주에게 귀속되는 당기순이익이라고도 불리며, 이는 주주에게 배당금을 지급하거나 기업의 재투자 자금으로 활용될 수 있는 중요한 이익입니다. 따라서 해당 기업의 주식을 보유하고 있는 주주들에게 가장 중요한 재무 지표 중 하나로 간주됩니다.

- 당기순이익으로 1년 동안 얼마나 돈을 벌었는지를 알 수 있다
- 법인세비용차감전손익에서 법인세 등 세금을 차감하여 계산

동종 업종에 속한
두 회사의 손익계산서를 살펴보자

33기 연속 매출과 이익이 증가하는 호황 기업!

손익계산서는 과거의 수치와 비교하는 것은 물론이고, 동종업계의 다른 회사와 비교하여 그 회사의 실적이 어떤지 파악하는 것도 중요합니다. 아래 그림은 가구와 인테리어를 기획, 판매하는 A사의 손익계산서를 발췌한 것입니다. 이 회사는 33기(33년) 연속으로 매출액(수익)도 당기순이익도 증가하며 증수증익(매출 및 이익 모두 증가)을 지속하고 있는 초우량 기업입니다. 보시다시피 매출액도, 주된 사업의 수익을 나타내는 영업이익

동종 업종에 속한 두 회사의 손익계산서를 살펴보자

▼ A사의 손익 계산서(발췌)

(단위: 억 원)

	2023년 2월기	2022년 2월기	2021년 2월기
매출액	6,081	5,720	5,129
매출총이익	3,314	3,147	2,782
판매비와 관리비	2,306	2,214	1,924
영업이익	1,007	933	857
당기순이익	681	642	599

매출액, 영업이익, 당기순이익이 모두 순조롭게 성장하고 있습니다!

도, 한 해의 최종 수익을 나타내는 당기순이익도 꾸준히 증가하고 있습니다.

매출 감소, 영업 이익 적자 확대

아래 그림은 경영 부진이 계속되고 있는 B사의 손익계산서를 발췌한 것입니다. 매출액이 감소하고 있는 데다 주된 사업의 수익을 나타내는 영업이익의 적자폭도 커지고 있습니다. 영업이익의 감소로 이어지는 판매비와 관리비를 줄이는 등의 노력을 계속하고 있지만, 당기순이익의 적자폭도 여전히 커서 상황은 어려워 보입니다.

▼ B사의 손익 계산서(발췌)

(단위: 백만 원)

	2023년 12월기	2022년 12월기	2021년 12월기
매출액	37,388	41,079	46,307
매출총이익	16,557	20,942	24,720
판매비와 관리비	21,726	26,078	29,318
영업이익	▲5,168	▲5,136	▲4,597
당기순이익	▲3,240	▲7,259	▲4,567

당기순이익의 적자폭은 줄었지만, 매출액이 감소하고 영업이익의 적자폭이 커졌습니다.

매출원가는
상품을 만드는 데 드는 비용

▼ 매출원가에 포함되는 것

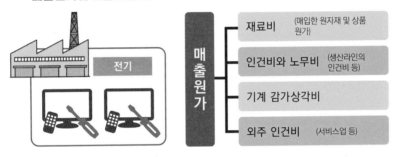

매출원가	재료비	(매입한 원자재 및 상품 원가)
	인건비와 노무비	(생산라인의 인건비 등)
	기계 감가상각비	
	외주 인건비	(서비스업 등)

연간 판매된 상품에 소요된 비용

　손익계산서를 작성할 때, 상품을 만들고 판매하는 데 드는 비용도 중요한 체크 항목입니다. 그 중 하나인 매출원가에 대해 자세히 알아보겠습니다. 이미 설명했듯이 매출원가는 상품을 만드는 데 들어간 돈(비용)입니다. 해당 기간(1년)에 판매된 모든 물건이나 서비스의 매출원가를 합산한 금액을 손익계산서에 적습니다. 중요한 것은 물건이나 서비스가 실제로 팔린 단계에서 계상(계산에 넣는 것)하는 것이 포인트입니다. 실제로 팔린 분량에 대해서만 상품을 만들거나 재료 등의 매입에 들어간 비용을 손익계산서에 반영할 수 있도록 규정되어 있습니다. 반대로 말하면, 팔리지 않은 상품 등의 원가는 매출원가에 포함되지 않습니다. 이를 전문용어로 비용 수익 대응 원칙이라고 부릅니다.

업종에 따라 매출원가에 들어가는 것이 다르다

매출원가는 제조업, 소매업, 서비스업 등 업종에 따라 포함되는 범위가 다릅니다. 예를 들어 제조업의 경우, 공장에서 제품을 만드는 데 필요한 재료비 외에 공장을 가동하는 데 필요한 전기세, 수도세 등의 비용, 공장에서 일하는 사람의 급여인 인건비 등이 매출원가에 포함됩니다.

시스템 개발 등의 경우, 외부에 개발을 의뢰했다면 그 인건비도 매출원가에 포함됩니다.

단, 자신의 회사 관리부서 직원의 인건비는 매출원가가 아닌 판매비와 관리비에 해당합니다.

▼ 매출원가는
실제로 팔린 물건을 만드는데 들어간 비용만 계상한다

텔레비전
판매가격 40만원
판매원가 10만원

1년간 판매된 TV	팔리지 않은 TV=재고

매출원가 계상 가능

10만원×6대=60만원을
매출원가로 계산에 포함한다

매출원가에 계상 불가

10만원×3대=30만원은
매출원가에 포함되지 않는다

비용에는 고정비와 변동비가 있다

▼ 고정비와 변동비

고정비	변동비
매출액에 관계없이 일정 금액이 소요되는 비용	매출 증감에 따라 변동하는 비용
판매비 및 일반관리비(급여, 지대, 수도광열비, 접대비, 광고선전비, 임차료, 원가상각비 등)	매출원가(매입원가, 재료비 등), 판매수수료, 소모품비 등

장기 휴업 중

고정비 발생

휴업 중에도 공장이나 매장의 임대료, 직원들의 월급 등 일정 금액이 발생합니다.

장기 휴업 중

변동비 없음

공장이나 매장이 가동되지 않으면 자재나 상품을 구매할 필요가 없고, 비용도 발생하지 않습니다.

고정비는 매출의 증감에 관계없이 발생한다

고정비비는 매출액과 관계없이 일정 금액이 소요되는 비용을 말합니다. 회사가 사업을 영위하는 데 있어서는 제조나 판매 등의 사업이 중단된 상태에서도 공장이나 사무실의 임대료, 직원들의 월급 등의 지불이 발생합니다. 또한, 항상 일정 금액이 들어가는 고정비는 줄이기 어렵기 때문에 매출이 감소하는 경우 이익이 줄어드는 결과를 초래합니다.

이 때문에 예를 들어 급여에 성과주의를 도입하거나, 보너스를 성과연동제로 만들어 인건비를 변동비로 전환하거나, 생산을 외부에 위탁해 공장 유지비용을 줄이는 등의 움직임도 나타나고 있습니다.

변동비는 매출액에 따라 변동한다

변동비는 매출액의 증감에 비례하여 변동하는 비용입니다. 제조나 판매 등의 사업이 중단된 경우에는 발생하지 않습니다. 변동비에는 매입원가나 재료비 등의 매출원가가 해당됩니다. 또한 판매수수료나 소모품비 외에도 제조업의 경우 재료비, 인건비, 외주비 등도 변동비가 됩니다.

비용은
사람, 물건, 돈에 들어간다!

▼ 사람, 물건, 돈에 들어가는 비용

사람에 들어가는 비용	상품을 만드는 사람 — 매출원가	
	상품을 파는 사람 —— 판관비	
물건에 들어가는 비용	재료비 ———— 매출원가	
	광고선전비 ——— 판관비	
	공장 임대료 ——— 매출원가	
	사무실 임대료 —— 판관비	
돈에 들어가는 비용	이자 지급 ———— 기타비용	

매출이 있으면 반드시 비용이 발생한다

회사가 매출액을 늘리려면 물건을 만들어 팔거나 서비스를 제공해야 하기 때문에 반드시 비용이 발생합니다. 그 비용은 사람, 물건, 돈으로 들어갑니다. 이 중 사람에 들어가는 비용이 인건비인데, 공장에서 일하는 사람의 급여는 매출원가로 계상되는 반면, 본사의 영업부서나 관리부서 등에서 일하는 사람의 급여는 판매비와 관리비(판관비)가 됩니다. 물건에 들어가는 비용도 상품을 만드는 단계에서 드는 비용은 매출원가, 사무실이나 매장 등 판매와 관리에 들어가는 비용은 판관비입니다. 돈에 들어가는 비용에는 차입금 이자 등이 있습니다.

13 손익계산서를 보면 이런 것도 알 수 있다-1

매출총이익과 영업이익으로
경영상태를 알 수 있다

매출총이익과 영업이익이 모두 높은 회사는 돈을 벌고 있다

판매한 단계의 이익을 나타내는 매출총이익과 주된 사업의 수익을 나타내는 영업이익의 수익을 합치면 그 회사의 경영이 잘 되고 있는지를 알 수 있습니다. 이미 설명했듯이 매출총이익은 매출액-매출원가로 계산되며, 이것이 많은 회사는 원가율이 낮고 부가가치가 높은 상품을 만들고 있다고 볼 수 있습니다. 반면 영업이익은 매출총이익-판매비와 관리비로 계산되며, 이 수치가 많은 회사는 주된 사업이 잘 되고 있고, 판매비와 관리비도 적당히 조절하고 있다고 볼 수 있습니다. 다만, 매출총이익도 영업이익도 극단적으로 많은 회사의 경우, 인건비가 너무 낮거나 거래처에 무리한 조건으로 거래를 강요하고 있을 가능성이 있습니다.

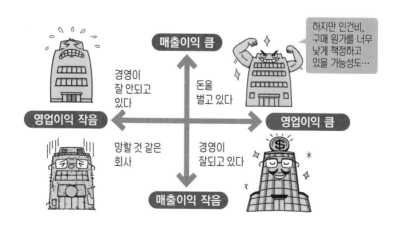

59

영업이익과 법인세비용차감전손익에서 자금력을 알 수 있다

영업이익과 법인세비용차감전손익이 나타내는 돈의 힘

　주된 사업의 수익을 나타내는 영업이익과 주된 사업 이외의 재무활동에서 발생한 손익을 반영하는 법인세비용차감전손익으로 기업의 자금력, 즉 재무적 안정성을 평가할 수 있습니다. 영업이익은 매출총이익 - 판매비와 관리비로 계산되며, 이 수치가 높을수록 주된 사업이 잘되고 관리비도 적게 소요되는 기업이라고 할 수 있습니다. 반면, 법인세비용차감전손익은 영업이익 + 기타수익 - 기타비용 + 금융수익 - 금융비용으로 계산합니다. 이 수치가 높다면 기업은 주된 사업 외의 재무활동에서도 안정적으로 수익을 창출하고 있다고 볼 수 있습니다.

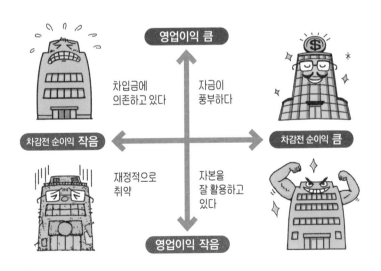

법인세비용차감전손익만 많은 회사는 자본을 효율적으로 활용하고 있다

　영업이익과 법인세비용차감전손익이 많은 기업은 주된 사업으로 벌어들이는 힘에 더해 자산운용으로 수익을 창출하는 능력이 있기 때문에 자금력이 강한 기업이라고 할 수 있습니다. 반면, 영업이익은 적지만 법인세비용차감전손익이 많은 회사는 토지, 주식, 현금 등 자본을 효율적으로 활용하여 수익을 창출하는 능력이 강한 회사라고 할 수 있습니다.

　영업이익은 많지만 법인세비용차감전손익이 적은 회사는 주된 사업으로 벌어들이는 힘은 크지만 자금력이 부족하여 차입금에 의존하고 있을 가능성이 있습니다. 이는 창업한 지 얼마 되지 않은 벤처기업 등에서 흔히 볼 수 있는 사례입니다. 둘 다 규모가 작은 회사는 차입금이 많아 이자를 많이 내고, 주된 사업으로 수익을 창출하지 못하는 자금력이 약한 회사입니다.

창업 3년차!

창업한지 얼마 되지 않은 벤처기업은 영업이익이 많고 법인세비용차감전손익이 적은 경우가 많습니다.

손익계산서는 금액보다 비율(%)에 주목! 이익률을 아는 것이 중요하다

매출과 이익의 관계(비율)에 주목하라

갑작스럽지만 여기서 문제입니다. 매출 1억 원에 영업이익이 300만 원인 Z사와 매출 1000만 원에 영업이익이 100만 원인 Y사 중 어느 회사가 주된 사업으로 더 잘 버는 회사일까요?

영업이익이 100만원인 Y사보다 300만원인 Z사가 더 좋아 보이기도 하지만, 정답은 Y사입니다.

손익계산서는 이익의 금액보다 매출액 대비 이익의 비율에 주목하는 것이 중요합니다. 매출액 대비 이익의 비율을 이익률이라고 합니다.

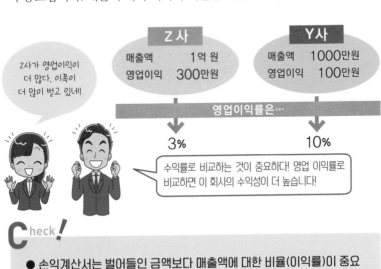

Z사가 영업이익이 더 많다. 이쪽이 더 많이 벌고 있네!

Z사	Y사
매출액　1억 원 영업이익　300만원	매출액　1000만원 영업이익　100만원

영업이익률은…

3%　　　　10%

수익률로 비교하는 것이 중요하다! 영업 이익률로 비교하면 이 회사의 수익성이 더 높습니다!

Check!

- 손익계산서는 벌어들인 금액보다 매출액에 대한 비율(이익률)이 중요
- 그중에서도 주된 사업의 수익성을 나타내는 영업이익률이 중요

주된 사업의 수익률을 나타내는 영업이익률 중요

손익 계산서에는 이익이 세 가지로 나뉘어져 있습니다. 각각을 이익률로 표현하면 아래 그림과 같습니다. 모두 이익을 매출액으로 나누어 계산합니다.

두 가지 수익률 중 기업 분석에 있어 중요한 것은 매출총이익률(매출총이익률)과 영업이익률, 당기순이익률입니다. 그중에서도 주된 사업의 수익성을 나타내는 영업이익률은 반드시 체크해야 할 항목입니다.

영업이익률은 과거 수치와 비교해 개선되고 있는지, 하락하고 있는지를 확인하거나 동종업계와 비교해 해당 기업의 수익성이 높은지 여부를 파악하는 데 도움이 됩니다.

또한 영업이익률은 업종에 따라 차이가 있으며, 이는 산업별 특성에 따라 영업 비용 구조와 수익률이 다르기 때문입니다. 통계 자료에 따르면, 서비스업 등 비제조업의 영업이익률은 30~40% 정도, 제조업의 영업이익률은 30~50% 정도로 나타납니다. 그러나 이러한 수치는 산업별 세부 분류와 기업 규모, 경영 전략 등에 따라 달라질 수 있으므로, 업계 평균을 참고하되 개별 기업의 특성을 고려해야 합니다.

▼ 수익률을 나타내는 지표

	계산 방법	중요도
매출총이익률(총이익률)	매출총이익 ÷ 매출액 × 100	○
영업이익률	영업이익 ÷ 매출액 × 100	◎
법인세비용차감전손익률	법인세비용차감전손익 ÷ 매출액 × 100	
당기순이익률	당기순이익 ÷ 매출액 × 100	○

온라인에서 재무제표는 누구나 열람할 수 있다

한국에서 재무제표를 열람하는 방법은 여러 가지가 있으며, 주로 온라인을 통해 접근할 수 있습니다. 여기는 두 가지 방법을 소개합니다.

금융감독원 전자공시시스템(DART): 한국 금융감독원이 운영하는 전자공시시스템에서는 상장회사의 정기공시, 주요사항보고서, 감사보고서 등 다양한 재무 정보를 확인할 수 있습니다. 웹사이트 주소는 http://dart.fss.or.kr 입니다.

한국거래소(KRX): 한국거래소의 웹사이트에서는 상장회사의 재무제표를 포함한 다양한 주식 관련 정보를 제공합니다. 한국거래소의 웹사이트는 http://www.krx.co.kr에서 확인할 수 있습니다.

위의 방법들을 통해 한국의 상장회사 뿐만 아니라, 비상장회사의 재무제표 정보도 일부 접근할 수 있습니다. 그러나 비상장회사의 경우 정보 공개 범위가 상장회사보다 제한적일 수 있음을 유념해야 합니다.

표시된 페이지에서 재무제표를 보고 싶은 회사 이름을 입력하면 됩니다.

Part

3

재무상태표(B/S)의
기초를 마스터하자!

재무상태표(B/S)는 회사의 건강 상태를 알 수 있는
진단서입니다. 회사에 어떤 자산과 부채가 있는지,
부도 위험은 없는지 확인해 봅시다.

재무상태표(B/S)를 보면 회사가
망하지 않을지 알 수 있습니다.

BS…? 위성방송을
말하는 건가?

재무상태표는
진단서가 건강인지 불건강인지 알려준다!

자산 부문		부채 부문	
유동자산	○○○○	유동부채	○○○○
현금및현금성자산 [회사의 자산]	○○○○	매입채무 [회사가 지불할 의무가 있는 돈]	○○○○
단기금융상품	○○○○	단기차입금	○○○○
매출채권	○○○○	미지급금	○○○○
선급금	○○○○	미지급비용	○○○○
재고자산	○○○○	기타	○○○○
이연법인세자산	○○○○	비유동부채	○○○○
미수금	○○○○	장기차입금	○○○○
대손충당금	○○○○	퇴직급여충당부채	○○○○
비유동자산	○○○○	기타	○○○○
유형자산	○○○○	**부채 합계**	○○○○
건물	○○○○	자본 부문	
토지	○○○○	주주자본 [지불하지 않아도 되는 돈]	○○○○
구축물	○○○○	자본금	
기계장치	○○○○	자본잉여금	
무형자산	○○○○	자기주식처분이익	○○○○
영업권	○○○○	이익잉여금	○○○○
개발비	○○○○	이익준비금	○○○○
투자자산	○○○○	기타임의적립금	○○○○
장기금융상품	○○○○	미처분이익잉여금	○○○○
장기투자상품	○○○○	기타포괄손익누계액	○○○○
기타	○○○○	비지배주주지분	○○○○
대손충당금	○○○○	**자본 합계**	○○○○
자산 합계	○○○○	**부채 및 자본 합계**	○○○○

Check !

- 그 회사의 자산이 한눈에 보인다
- 재무상태표를 보면 회사가 망하지 않을지 알 수 있다

결산일 현재 건강상태가 적혀있다

재무상태표(R/S)는 그 회사가 어떤 자산을 가지고 있고, 그것을 어떻게 사용했는지, 그리고 그 자산을 애초에 어떻게 모았는지를 기록한 문서입니다. 기록된 내용은 결산일 기준의 자산을 나타내지만, 이는 마치 우리가 수년간 절약하고 저축해 모은 재산과도 같습니다. 지금까지의 기업 활동을 통해 축적된 결과가 재무상태표에 적혀 있는 것입니다.

그런 의미에서 재무상태표는 우리의 평소 생활습관이나 운동습관이 드러나는 건강검진 진단서와 비슷합니다. 진단서를 보면 현재의 건강상태를 알 수 있듯이, 재무상태표를 보면 결산일 기준으로 회사의 재무 상태, 즉 기업의 건강상태를 파악할 수 있는 것입니다.

▼ 재무상태표를 간략하게 설명하면…

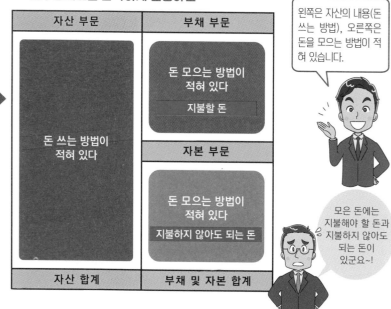

현금과 지불해야 할 돈의 크기에 주목하라

재무상태표에는 왼쪽에 회사의 자산이, 오른쪽에는 지불해야 할 돈(부채)과 지불 의무가 없는 돈(자본)이 적혀 있습니다.

자산과 부채, 그리고 자본의 금액 크기를 비교하면, 그 회사가 재정적으로 건강한지 쉽게 구분할 수 있습니다.

▼ 재무상태표를 간략하게 설명하면…

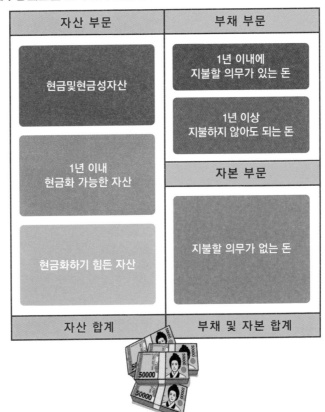

자산 부문	부채 부문
현금및현금성자산	1년 이내에 지불할 의무가 있는 돈
	1년 이상 지불하지 않아도 되는 돈
1년 이내 현금화 가능한 자산	자본 부문
현금화하기 힘든 자산	지불할 의무가 없는 돈
자산 합계	부채 및 자본 합계

부채보다 현금이 많으면 건강한 상태!

예를 들어, A사는 지불해야 할 돈보다 현금이 많기 때문에 경영상태가 안정적이고 재정적으로 건강한 상태라고 할 수 있습니다. 앞으로도 이 상태를 유지한다면 회사 파산에 대한 걱정은 없을 것입니다.

반면, B사는 현금이 부족할 뿐만 아니라, 1년 이내에 지불해야 할 돈(유동부채)이 1년 이내에 현금화할 수 있는 자산(유동자산)보다 많습니다. 돈을 지불하려면 은행에서 돈을 빌리거나, 현금화하기 어려운 자산을 매각해야 할 상황입니다.

이처럼 자금이 불안정한 상태에서는, 만약 돈을 빌리지 못하면 회사가 파산할 위험도 있습니다.

A사 • 회사가 건강한 상태

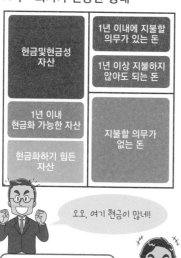

B사 • 회사가 건강하지 않은 상태

2 재무상태표는 어떻게 봐야 하나요?

재무상태표는 자산, 부채, 자본을 표시하는 박스(요소)로 구성되어 있다

자산, 부채, 자본 박스가 있다

재무상태표는 왼쪽 상단, 오른쪽 상단, 오른쪽 하단의 세 가지 박스(요소)로 구성되어 있습니다. 왼쪽은 자산 부분을, 오른쪽 위는 부채 부분을, 오른쪽 아래는 자본 부분을 나타냅니다.

오른쪽은 돈의 출처, 왼쪽은 돈 사용처

3개의 박스 중 왼쪽의 자산 부분에는 회사가 보유한 자산이 기록되어 있습니다. 이 부분을 보면 회사가 어떤 자산을 가지고 있는지, 그리고 돈을 어떻게 사용하고 있는지 알 수 있습니다.

오른쪽에는 그 돈을 어떻게 조달했는지가 적혀 있습니다. 오른쪽 상단의 부채는 빌린 돈(지불 의무가 있는 돈)을 나타내며, 오른쪽 하단의 자본은 지불 의무가 없는 돈을 의미합니다.

▼ 재무상태표는 이렇게 되어 있다!

자산 부문	부채 부문
유동자산 　현금및현금성자산 　재고자산 　매출채권 등	유동부채 　매입채무 　단기차입금 등 비유동 부채 　퇴직급여충당부채 　장기차입금 등
	자본 부문
비유동자산 　건물, 토지 　투자자산 　영업권, 특허권 등	자본금 자본잉여금 등

어떤 자산을 가지고 있는지
(돈을 어떻게 사용하는지)

지불할 의무가 있는 돈

돈을 모으는 방법

지불할 의무가 없는 돈

재무상태표의 연간은 결산 시점에 따라 달라진다

재무상태표에는 "○년 ○월 31일" 또는 "○년 12월 31일"과 같은 날짜가 적혀 있습니다. 이는 해당 날짜가 회사의 결산일을 의미하며, 재무상태표에 적힌 자산은 결산일 기준임을 나타냅니다.

결산기는 회사마다 다를 수 있으며, 재무상태표나 손익계산서에서 말하는 1년 혹은 일정 기간은 기초(회계연도 시작일)부터 기말(결산일)까지의 1년을 의미합니다.

▼ 일정 기간이란 결산 기간을 의미

결산일이 3월 31일인 경우

4월1일   3월31일

1년간

기수   기중   기말일

결산일에 따라 결산 기간도 다릅니다.

결산일이 12월 31일인 경우

1월1일   12월31일

1년간

기수   기중   기말일

결산일이 12/31이라면 1/1~12/31이 결산기간인 거군요.

Check!

● 재무상태표는 자산 부분, 부채 부분, 자본 부분으로 구성되어 있다
● 왼쪽은 돈을 쓰는 방법, 오른쪽은 돈을 모으는 방법이 적혀 있다

실제 재무상태표를 살펴보자

이제 실제 재무상태표가 어떻게 구성되어 있는지 살펴보겠습니다. 아래는 가구를 기획·판매하는 A사의 재무상태표(발췌)입니다.

숫자가 들어가니 갑자기 어려워졌다고 느끼는 분들도 있을 것입니다. 하지만 걱정하지 마세요. 이 내용을 다음 페이지에서 알기 쉽게 도표로 정리해 두었습니다.

▼ A사의 재무상태표(발췌)

2023년 2월말 연결 재무상태표 (단위: 억 원)

자산 부문		부채 부문	
유동자산	2,165	유동부채	950
현금및현금성자산	1,023	매입채무	209
재고자산	629	단기차입금	26
비유동자산	4,027	비유동부채	240
유형자산	3,020	장기차입금	60
무형자산	188		
		부채 합계	1,190
		자본 부문	
		자본 합계	5,001
자산 합계	6,192	부채 및 자본 합계	6,192

어떤 자산을 가지고 있는지
(돈을 어떻게 쓰고 있는지)

어떻게 돈을 모았는가

72

현금과 즉시 현금화할 수 있는 자산, 지불할 의무가 없는 돈이 많다!

재무상태표를 자산 부분의 유동자산, 비유동자산, 부채 부분, 자본 부분별로 금액을 합산하고, 이를 현금 및 현금성 자산, 1년 이내에 현금화할 수 있는 자산, 현금화하기 어려운 자산, 지불 의무가 있는 돈, 지불 의무가 없는 돈으로 구분하여 일러스트로 표현해 보았습니다.

이렇게 하면 한눈에 현금 및 현금성 자산이나 1년 이내에 현금화할 수 있는 자산이 많고, 지불 의무가 없는 자본이 많은 회사임을 쉽게 파악할 수 있습니다.

즉, 경영이 안정적이며 파산 위험이 낮다는 것을 알 수 있겠죠?

재무상태표를 어떻게 읽어야 하는지 알면 더 이상 겁먹을 필요가 없습니다.

▼ **A사의 재무상태표를 금액의 크기로 도표화하면**

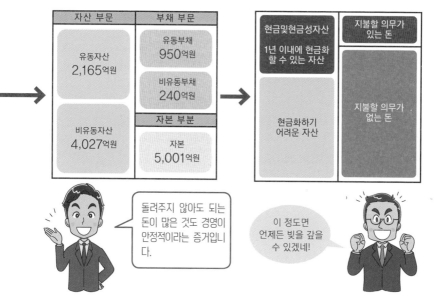

재무상태표는 오른쪽과 왼쪽의 합계 금액이 일치한다

재무상태표는 영어로 Balance Sheet라고 하며, B/S라고도 표기합니다. 재무상태표라고 부르는 이유는 표의 왼쪽(자산) 총액과 오른쪽(부채 및 자본) 총액이 반드시 일치하여 균형이 잡히기 때문입니다.

▼ **A사** 2023년 2월말 연결 재무상태표(발췌) (단위: 억 원)

자산부문		부채 부문	
유동자산	2,165	유동부채	950
현금및현금성자산	1,023	매입채무	209
재고자산	629	단기차입금	26
비유동자산	4,027	비유동부채	240
유형자산	3,020	장기차입금	60
무형자산	188		
		부채 합계	1,190
		자본 부문	
		자본 합계	5,001
자산 합계	6,192	부채 및 자본 합계	6,192

일치한다

▼ **B사** 2023년 8월기 연결 재무상태표(발췌) (단위: 백만 원)

자산 부문		부채 부문	
유동자산		유동부채	
유동자산 합계	1,638,174	유동부채합계	476,658
비유동자산		비유동부채	
비유동자산 합계	372,384	비유동부채 합계	550,365
		부채 합계	1,027,024
		자본 부문	
		자본 합계	983,534
자산 합계	2,010,558	부채 및 자본 합계	2,010,558

일치한다

왼쪽은 현금화하기 쉬운 것, 오른쪽은 빨리 지불하는 것이 위에 있다

재무상태표에서 왼쪽에는 자산(사용처), 오른쪽에는 자금을 조달하는 방법이 적혀 있다고 설명했습니다.

각 박스를 자세히 보면, 왼쪽 상단에는 유동자산, 오른쪽 상단에는 유동부채가 적혀 있습니다. 경제와 금융의 세계에서 "환금성"을 "유동성"이라고 부릅니다.

여기서 유동자산은 1년 이내에 현금화할 수 있는 자산, 유동부채는 1년 이내에 갚아야 할 부채(지급 기일이 가까운 부채)를 의미합니다. 반면, 비유동자산은 현금화하기 어려운 자산, 비유동부채는 지급 기한이 1년 이상 남은 부채를 뜻합니다.

재무상태표에서는 유동성이 높은 항목이 위에, 유동성이 낮은 항목이 아래에 적혀 있습니다.

▼ 재무상태표는 이렇게 되어 있다!

자산 부문	부채 부문
유동자산 　현금및현금성자산 　재고자산 　매출채권 등	유동부채 　매입채무 　단기차입금 등
	비유동 부채 　퇴직급여충당부채 　장기차입금 등
비유동자산 　건물, 토지 　투자자산 　영업권, 특허권 등	자본 부문
	자본금 　자본잉여금 등

현금화하기 쉽다 ⇅ 현금화하기 어렵다

빠른 지불 ⇅ 천천히 지불

지불하지 않아도 되는 돈

유동성은 현금화 용이성을 뜻한다. 왼쪽은 현금화하기 쉬운 것이 위, 오른쪽은 빨리 지급되는 것이 위에 적혀 있습니다.

땅이나 건물은 금방 팔리지 않으니까요. 아니, 회사 건물이 없어지면 어떻게 하라는 건지?

현금으로 가득 찬, 사실상 무차입 경영의 회사

현금및현금성자산 > 유동부채+비유동부채

현금으로 모든 부채를 충당할 수 있다!

현금및 현금성자산	유동부채
	비유동부채
유동자산	자본
비유동 자산	

현금이 많으면 주주들이 신상품 개발 등에 투자해 회사를 성장시켜라, 배당을 더 많이 지급해라 등의 요구를 하기도 한다.

현금및현금성자산으로 모든 부채를 충당할 수 있다

　현금 및 현금성 자산의 금액이 부채(유동부채 + 비유동부채)의 금액보다 많아, 현금 및 현금성 자산으로 현재 보유한 모든 부채를 상환할 수 있는 상태입니다.

　이로 인해 현금및 현금성 자산으로 부채를 충분히 충당할 수 있기 때문에, 사실상 무차입 상태라고 할 수 있습니다.

　회사의 재무 상태는 매우 건전한 상태입니다. 다만, 주주들로부터 회사의 성장에 현금을 사용하라거나, 배당을 늘리라는 요구를 받을 수도 있습니다.

회사의 성장과 재무건전성을 동시에 추구하는 회사!

현금및현금성자산+유동자산 > 유동부채+비유동부채

현금보다
부채가 더 많은
데 괜찮을까요?

비유동부채는 천천히 갚을 수 있는 부채이기 때문에 유동자산으로
충당할 수 있습니다.

1년 이내에 부채를 갚을 수 있다

　현금 및 현금성 자산과 유동자산의 금액이 부채(유동부채＋비유동부채)의 금액보다 많은 상태입니다.

　현금 및 현금성 자산만으로는 부채를 모두 상환할 수 없지만, 즉시 현금화할 수 있는 유동자산을 더하면 부채를 모두 충당할 수 있습니다.

　회사를 성장시키기 위해서는 때로는 빚을 내어 연구개발에 투자하거나, 공장이나 설비를 새로 짓는 것도 필요합니다.

　이러한 재무상태표를 가진 회사는 성장과 재무 건전성을 동시에 추구하고 있다고 볼 수 있습니다.

한숨을 내쉬며 겨우 유지하는 회사

유동자산 < 유동부채

어이쿠, 유동부채가 유동자산보다 더 크네…

유동자산

유동부채

비유동부채

비유동자산

자본

겨우 유지중

돈 빌려줘요!

BANK

돈을 빌리거나 비유동자산을 팔지 않으면 1년 안에 돈을 마련할 수 없는 상황입니다.

회사 토지나 건물을 팔아야 하는가?

1년 이내에 갚아야 할 유동부채가 현금화하기 쉬운 유동자산을 초과한 상태입니다.

이러한 상황에서는 은행에서 돈을 빌리거나, 회사의 토지나 건물 등 비유동자산을 매각하는 등의 방법으로 자금을 마련해 상환해야 합니다.

그러나 돈을 빌리면 부채가 늘어날 수밖에 없으며, 비유동자산을 매각할 경우, 사용하지 않는 땅이나 건물이 아닌 공장이나 사무실을 팔게 되면 사업에 지장을 초래할 수 있습니다.

그럼에도 지금 당장 어떤 조치를 취해야 하는 상황임은 분명합니다.

파산은 시간문제? 채무 초과 회사

부채가 회사 전체 자산보다 많음

　부채의 금액이 자산의 금액보다 많아 자본이 마이너스인 채무초과 상태입니다.

　이런 상태가 되면 자산을 모두 매각해도 부채를 상환하지 못해 빚이 남게 됩니다.

　더욱이 공장이나 사무실을 매각하면 수익을 창출할 원천을 줄이거나 없애는 것이기 때문에, 돈을 버는 것이 더 어려워집니다.

　자, 당신의 회사 재무상태표는 어떤 상태입니까? 이번 기회에 확인해 보는 건 어떨까요?

자산 박스에는
유동자산과 비유동자산이 들어있다

재무상태표

자산 부문	부채 부문
유동자산 　현금및현금성자산 　매출채권 　재고자산 등	유동부채 　매입채무 　단기차입금 등
	비유동부채 　퇴직급여충당부채 　장기차입금 등
	자본 부문
비유동자산 　건물, 토지 　투자자산 　영업권, 특허권 등	자본금 자본잉여금 등

자산 부문을 알기 쉽게 해설해 나가겠습니다.

Check**!**
- 자산은 그 회사의 소유이며, 모은 돈을 어떻게 사용하는지 알 수 있다
- 자산에는 1년 이내에 현금화할 수 있는 유동자산과 토지, 건물 등 현금
  화하기 어려운 비유동자산이 있다

자산은 단기 자산과 장기 자산으로 나뉜다

재무상태표의 자산 부문은, 말하자면 회사가 보유한 자산을 나타냅니다.

회사가 모은 돈을 어떻게 사용하고 있는지가 적혀 있으며, 자산에는 유동성이 높아 1년 이내에 현금화할 수 있는 유동자산과 사업에 필요한, 현금화하기 어려운 비유동자산이 포함됩니다.

유동자산을 단기 자산, 비유동자산을 장기 자산이라고 부르기도 합니다.

유동자산 박스의 내용물은 당좌자산, 재고자산, 기타 당좌자산

유동자산은 세 가지로 나뉜다

1년 이내에 현금화할 수 있는 유동자산은 현금화하기 쉬운 순서대로 당좌자산, 재고자산, 기타 당좌자산으로 구분할 수 있습니다.

당좌자산에는 현금 및 현금성 자산, 매출채권 등 즉시 현금화할 수 있는 자산이 포함되며, 재고자산에는 판매 전 상품이나 원자재 등 재고 자산이 포함됩니다. 또한, 기타 당좌자산에는 선급비용, 미수금 등이 있습니다.

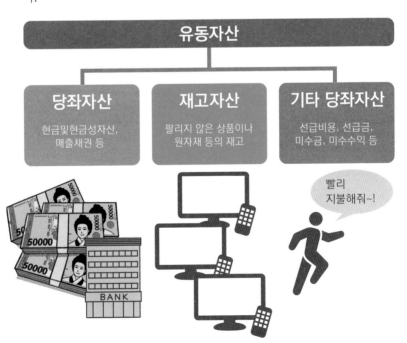

당좌자산은 가장 쉽게 현금화할 수 있는 자산

당좌자산은 현금 그 자체 또는 단기간에 현금화할 수 있는 자산을 의미합니다. 현금 외에도 현금성 자산, 어음, 매출채권, 유가증권 등이 이에 해당됩니다.

당좌자산이 풍부하다는 것은 회사가 당장의 지불 능력을 갖추고 있다는 것을 의미합니다.

따라서 회사 입장에서는 자금을 어떻게 마련할지 고민할 필요가 없으며, 거래 상대방도 대금을 받지 못할 걱정을 하지 않아도 되므로, 안심하고 거래할 수 있습니다.

▼ 당좌자산에 해당하는 것

현금및 현금성자산	즉시 사용할 수 있는 현금과 단기간 내에 현금으로 전환 가능한 자산(현금, 은행 예금, 만기가 3개월 이내인 단기 금융상품)
유가증권	1년 이내에 현금화할 수 있는 주식이나 채권 같은 단기 투자 자산
매출채권	상품이나 서비스를 판매하고 아직 받지 못한 돈으로, 고객이 외상으로 구매한 후, 나중에 받을 대금을 의미
단기대여금	1년 이내에 회수할 수 있는 빌려준 돈으로 기업이 다른 회사나 개인에게 단기간 빌려주고, 약속된 기간 안에 돌려받는 자산
선급금	미리 지급한 돈으로, 아직 상품이나 서비스를 받지 않았지만 앞서 지불한 비용(임대료, 보험료)

당좌자산에 해당하는 현금성 자산에는 만기가 1년 미만인 단기성 예금이 포함됩니다. 유가증권의 경우, 단기 매매를 목적으로 보유한 주식, 채권 등이 이에 해당합니다.

재고자산은 상품 및 자재 재고

재고자산은 외부에서 구입한 상품, 자사에서 제조한 제품, 그리고 제조에 필요한 자재 등을 포함한 재고를 의미합니다. 이 외에도 자체적으로 제조 중인 재공품, 미사용 소모품인 저장품, 결산일 전에 주문했으나 결산일 현재 도착하지 않은 미착품, 그리고 결산일에 이미 판매를 위해 출하된 적재품 등이 재고자산에 포함됩니다.

재고자산이란 재고를 말한다!

▼ 재고자산에 해당하는 것

상품	판매를 위해 보유 중인 완성된 제품
제품	직접 생산하여 판매할 준비가 된 완성품
반제품	아직 완성되지 않은, 생산 중인 자산
원재료	생산에 사용될 재료나 부품
재공품	생산 중인 제품으로, 완성되지 않은 자산
저장품	생산 과정에서 사용하기 위해 보유하고 있는 자재나 소모품
미착상품	미착상품은 구매는 완료했지만 아직 받지 못한 상품

재고자산은 적정 수준을 유지하는 것이 중요

재고가 너무 적으면 상품이나 제품이 품절되기 쉬워 매출 증대의 기회를 놓칠 수 있습니다.

하지만 재고를 너무 많이 보유하면 판매하지 못할 위험이 있으며, 재고를 창고에 보관하는 데 드는 비용도 발생합니다.

따라서 재고자산은 적정 수준을 유지하는 것이 매우 중요합니다.

▼ 결산일이 3월 31일인 경우

▼ 재고가 너무 적으면…

▼ 재고자산이 너무 많으면…

기타 당좌자산은 1년 이내 현금화할 수 있는 자산

기타 당좌자산에는 선급비용, 선급금, 미수금, 미수수익 등이 포함되며, 상환일까지는 현금화할 수 없는 자산들입니다.

단기대여금은 기타 당좌자산이 아닌 별도의 유동자산 항목으로 분류됩니다.

기타 당좌자산은 유동자산 중 당좌자산이나 재고자산에 속하지 않으며, 금액이나 중요도가 상대적으로 크지 않은 항목들을 포함합니다.

▼ 기타 당좌자산에 해당하는 것

선급법인세	기업이 이미 납부한 법인세 중 돌려받을 금액을 의미하는 자산
선급비용	미리 지급한 비용으로, 아직 제공되지 않은 상품이나 서비스에 대한 향후 사용될 자산
선급금	상품이나 서비스가 제공되기 전에 미리 지급한 금액으로, 나중에 이를 제공받을 때 사용되는 자산
미수금	상품 판매 외의 거래에서 발생한, 아직 받지 못한 금액을 의미하는 자산
미수수익	기업이 제공한 상품이나 서비스에 대한 대가로 아직 받지 못한 수익을 의미하는 자산

유동자산 중 당좌자산이나 재고자산에 포함되지 않는 금액이나 중요도가 크지 않은 것이 여기에 들어갑니다.

칼럼

외상으로 판매한
대금을 받을 수 있는 권리도 자산

　회사의 자산이라고 하면 많은 사람들이 상품이나 제품, 공장, 사무실 건물 등을 떠올릴 것입니다.

　하지만 유동자산에서 설명했듯이 현금도 자산이며, 주식 등 유가증권도 자산입니다.

　또한, 상품을 외상으로 팔았을 때 나중에 대금을 받을 수 있는 권리인 매출채권과 같이 형태가 없는 것도 자산에 포함됩니다.

　참고로, 매출채권에는 어음이 있는 외상매출채권과 어음이 없는 매출채권이 있습니다.

못 받은 돈도 회사의 자산

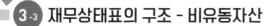

3-3 재무상태표의 구조 - 비유동자산

비유동자산의 박스 안에는 건물, 토지, 투자 유가증권이 들어있다

비유동자산은 오래 사용하는 자산

비유동자산은 해당 기업에서 사용할 목적으로 구입하여 1년 이상 사용하는, 즉 1년 이상 현금화되지 않는 현금화하기 어려운 자산입니다. 재판매할 목적으로 구입한 자산도 아니고, 정상적인 영업활동에서 발생한 자산도 아닙니다.

재무상태표

유동자산
- 1년 이내에 현금화
- 정상적인 영업활동에서 발생한 자산

유가 증권   현금

비유동자산
- 1년 이상 현금화되지 않음 (자체적으로 오래 사용할 목적으로 구매)
- 정상적인 영업활동에서 발생한 자산이 아님

비품   건물

자산 부문	부채 부문
유동자산 　현금및현금성자산 　매출채권 　재고자산 등	유동부채 　매입채무 　단기차입금 등
	비유동부채 　장기차입금 　퇴직급여충당부채 등
비유동자산 　건물, 토지 　투자자산 　영업권, 특허권 등	**자본 부문**
	자본금 자본잉여금 등

Check**!**
- ● 비유동자산은 1년 이상 현금화되지 않는 자산
- ● 자체적으로 사용할 목적으로 구매하고 영업활동으로 발생한 자산이 아님

비유동자산에는 여러 종류가 있다

비유동자산은 기업이 사업을 영위하기 위해 필요한 자산으로 크게 유형자산, 무형자산, 투자자산 및 기타 자산의 세 가지로 나뉩니다.

이 중 유동자산은 눈에 보이고 만질 수 있는 자산입니다. 무형자산은 형태는 없지만 사업을 지속하는 데 있어 가치가 있는 자산입니다. 투자 기타 자산은 장기 보유를 전제로 가지고 있는 투자 유가증권 등이 이에 해당합니다.

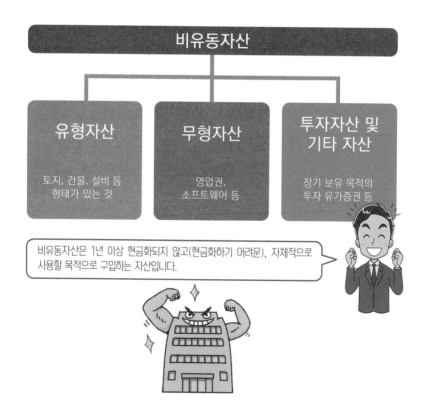

비유동자산

유형자산	무형자산	투자자산 및 기타 자산
토지, 건물, 설비 등 형태가 있는 것	영업권, 소프트웨어 등	장기 보유 목적의 투자 유가증권 등

비유동자산은 1년 이상 현금화되지 않고(현금화하기 어려운), 자체적으로 사용할 목적으로 구입하는 자산입니다.

형태가 있고 오래 쓰는 유형자산

　유형자산은 재무상태표의 비유동자산 항목 중 가장 상단에 기재되는 자산입니다. 이름에서 알 수 있듯이 눈에 보이고 형태가 있는 자산으로, 회사가 영업활동을 하기 위해 장기간 사용할 목적으로 구입하여 보유하는 자산입니다. 따라서 1년 이상 현금화되지 않습니다. 토지나 공장, 본사 건물, 판매점 등의 건물, 컴퓨터나 복사기 등의 비품, 영업에 사용하는 차량 등 회사의 사업에 필요한 자산이 이에 해당합니다.

▼ 유형자산에 해당되는 것

| 토지 | 건물 |
| 비품 | 차량 |

▼ 기준내용연수 예시

철골, 철근콘크리트조, 석조, 연와석조, 철골조의 모든 건물과 구축물	40년
연와조, 블록조, 콘크리트조, 토조, 목조, 목골모르타르조, 기타 조의 모든 건물과 부속물	5년
차량 및 운반구, 공구, 기구및 비품	5년
선박및 항공기	12년
컴퓨터	5년

내용연수는 법률에 의해 물품마다 기간이 정해져 있습니다.

유형자산은 사용함에 따라 가치가 감소한다

유형자산은 사용함에 따라 가치가 감소합니다. 따라서 재무상태표의 금액란에는 구입 당시의 원가가 아닌 취득원가에서 감가상각누계액을 공제한 금액을 현재 가치로 기재하게 되어 있습니다.

단, 토지와 같이 사용이나 시간의 경과에 따라 가치가 감소하지 않는 것은 감가상각하는 자산에 포함되지 않고, 구입 당시의 금액을 그대로 재무상태표에 기재합니다.

칼럼

감가상각이란?

비유동자산과 같이 장기간 사용하는 자산은 구입 시 지불한 금액을 그대로 그 해의 비용으로 처리하지 않고, 내용연수에 따라 비용으로 계상합니다. 이를 감가상각이라고 합니다.

참고로 내용연수는 그 자산을 실제로 사용하는 기간이 아니라 법적으로 물품별로 정해진 기간을 말합니다.

눈에 보이진 않지만 오래 쓰는 무형자산

무형자산은 형태는 없지만 가치가 있는 자산입니다. 임차권, 특허권 등의 권리나 소프트웨어 등이 이에 해당합니다.

또 다른 회사로부터 상품이나 브랜드 권리를 사거나 그 회사를 인수할 때 생기는 '영업권'도 무형자산에 속합니다.

▼ 무형자산에 해당하는 것들

특허권	발명에 대한 독점적 권리
상표권	특정 상품이나 서비스에 대한 상표 사용 권리
저작권	창작물에 대한 보호 및 배타적 권리
실용신안권	발명보다 소규모의 기술적 아이디어에 대한 권리
영업권	기업이 다른 기업을 인수할 때 지불하는 초과 금액으로, 고객 관계, 브랜드 가치, 평판 등 무형의 가치
소프트웨어	자체 개발하거나 외부에서 구매한 컴퓨터 프로그램, 응용 소프트웨어
임차권리금	특정 공간을 사용할 권리에 대해 지불한 금액, 주로 장기 임대 계약과 관련
개발비	신제품 개발, 연구개발(R&D)과 관련된 지출로, 향후 경제적 이익을 창출할 것으로 예상되는 경우 자산

보이지 않는 힘을 발휘하는 브랜드 파워, 영업권

영업권이 있기 때문에 다른 가게와 같은 상품을 취급하더라도 다른 가게보다 더 높은 가격에 판매할 수 있습니다. 이처럼 영업권은 수익을 창출하는 브랜드 파워, 신용력 등 보이지 않는 힘을 발휘합니다.

▼ 영업권은 브랜드 가치

타사 인수 등의 경우 영업권 계상

다른 회사를 인수했을 때, 재무상태표에 영업권이 계상됩니다.

이는 인수한 회사의 순자산 가치를 초과하여 지불한 금액으로, 그 회사의 브랜드 이미지나 신용 등 눈에 보이지 않는 무형의 가치에 대한 평가를 나타냅니다. 영업권은 회사의 무형자산으로, 인수 과정에서 발생한 초과 지불 금액을 의미합니다.

▼ 영업권은 브랜드 파워를 금액으로 계상하는 것

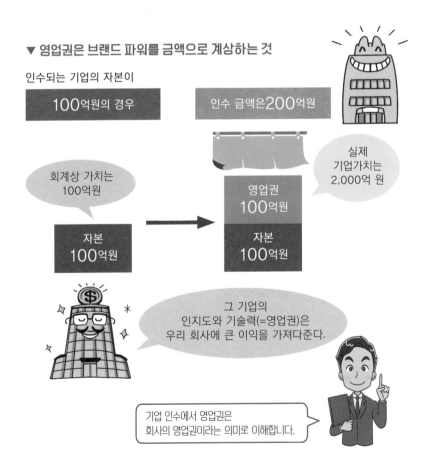

인수되는 기업의 자본이

100억원의 경우

인수 금액은 200억원

회계상 가치는 100억원

실제 기업가치는 2,000억 원

영업권 100억원

자본 100억원

자본 100억원

그 기업의 인지도와 기술력(=영업권)은 우리 회사에 큰 이익을 가져다준다.

기업 인수에서 영업권은 회사의 영업권이라는 의미로 이해합니다.

투자자산 및 기타 비유동자산에는 다음과 같은 것들이 있다

투자자산 및 기타 비유동자산에는 유형자산이나 무형자산에 포함되지 않으며, 1년 이상 장기적으로 보유하고 현금화되지 않는 자산이 포함됩니다.

여기에는 지분법 적용 투자주식, 자회사 주식(50% 이상 지분 보유), 관계회사 주식(20% 이상 50% 이하 지분 보유), 장기 투자증권, 투자부동산, 장기 금융상품, 장기 대여금, 장기 미수금 등이 해당됩니다.

단, 미지급 어음은 부채 항목이므로 자산으로 포함되지 않습니다.

▼ 투자자산 및 기타 비유동자산에 해당하는 것들

장기투자증권	1년 이상 장기적으로 보유해 수익을 기대하는 주식이나 채권
단기매매증권	1년 이내에 매도할 목적으로 보유한 주식이나 채권
지분법적용 투자주식	관계회사나 자회사에 투자한 주식으로, 지분법을 적용해 수익을 계산하는 장기 투자자산
투자부동산	임대수익이나 자산가치 상승을 목적으로 장기 보유하는 부동산
장기금융상품	1년 이상 장기적으로 보유하는 예금이나 적금
장기대여금	1년 이상 장기적으로 회수 예정인 대여금
장기미수금	1년 이상 장기적으로 회수할 미수금

이 세 가지 이외의 유가증권은 유동자산의 유가증권에 계상됩니다.

자산 박스에
대한 지식

당좌자산과 말 많은 주주의 관계

유동자산 중 당좌현금성자산은 현금이나 즉시 현금화할 수 있는 자산을 의미합니다.

당좌현금성자산이 많은 회사는 당장의 지불 능력에 문제가 없다고 간주되므로, 파산 위험이 적은 회사로 평가됩니다.

그러나 현금은 그저 보유하는 것만으로는 큰 이익을 가져오지 않기 때문에, 최근 한국에서도 액티비스트 주주들이 회사에 새로운 사업에 투자하거나, 신제품 개발에 자금을 투입할 것을 요구하는 추세입니다.

현금으로 가득 찬, 사실상 무차입 경영의 회사

경영은 안정적이지만…

현금및 현금성자산	유동부채
	비유동부채
유동자산	자본
비유동자산	

2023년 주주총회에서는 역대 최다인 70건 이상의 주주 제안이 기업에 제시된 것으로 나타났습니다.

신사업과 신상품 개발에 더 많은 돈을 투자하라!

행동주의 주주

현금이 그렇게 많으면 더 많은 배당금을 지불하십시오.

특히 2024년에는 ESG 경영 강화와 같은 주제로 주주들의 요구가 더 강해지고 있습니다. 주주들은 현금을 배당으로 돌려달라는 요구도 지속적으로 하고 있습니다.

참고로, 한국에서도 주주 활동이 증가하면서, 2023년에는 역대 최다 수의 주주 제안이 이뤄졌습니다.

매출채권에서 대손충당금 계산

매출채권은 기일이 되면 매출대금을 받을 수 있습니다.

그러나 거래처의 자금 사정이 악화되어 대금을 회수하지 못하는 경우에는 매출채권을 줄여야 합니다. 이러한 상황을 대손이라고 합니다.

매출채권을 회수하지 못할 가능성에 대비해, 손실을 줄이기 위해 유동자산 항목에 마이너스 자산으로 대손충당금을 계상합니다.

대손충당금은 매출채권의 위험도에 따라 적절한 비율로 계산됩니다.

저 회사, 위험해 보인다.
대손충당금을 쌓아두자.

부채 박스에는
유동부채와 비유동부채가 있다

부채는 지불해야 할 의무가 있는 돈

재무상태표의 오른쪽에는 회사가 자금을 어떻게 조달했는지가 기록되어 있습니다. 이는 부채와 자본으로 나누어집니다. 그 중 부채는 반드시 지불해야 할 의무가 있는 돈을 의미합니다. 부채가 너무 많으면 지불 능력에 문제가 생길 수 있으며, 파산할 위험도 있습니다.

재무상태표

자산 부문	부채 부문

어떤 자산을 가지고 있는지 (돈을 어떻게 쓰고 있는지)

유동자산
현금및현금성자산
재고자산
매출채권 등

유동부채
매입채무
단기차입금 등

→ 지불해야 할 돈

비유동 부채
퇴직급여충당부채
장기차입금 등

→ 돈을 모으는 방법

자본 부문

비유동자산
건물, 토지
투자자산
영업권, 특허권 등

자본금
자본잉여금 등

→ 지불할 의무가 없는 돈

Check!

- 부채는 지불해야 할 의무가 있는 돈
- 1년 이내에 갚아야 하는 유동부채와 1년 이상 갚지 않아도 되는 비유동부채가 있다

부채에는 두 가지 종류가 있다

　자산 부문에서는 자산을 유동자산과 비유동자산으로 구분했듯이, 부채 부문에서도 부채를 유동부채와 비유동부채로 구분합니다.

　유동부채는 1년 이내에 갚아야 할 의무가 있는 부채, 비유동부채는 1년 이상 갚지 않아도 되는 부채를 의미합니다.

　자산과 부채를 1년 이내에 현금화되거나 상환해야 하는 유동 항목과 장기적으로 유지되는 비유동 항목으로 나누는 이유는 회사의 안전성을 파악하기 위함입니다.

　1년 이내에 갚아야 하는 부채보다 1년 이내에 현금화할 수 있는 자산이 적다면, 추가로 빚을 낼 가능성이 크다는 점을 파악할 수 있습니다.

　따라서 유동자산과 유동부채, 그리고 비유동자산과 비유동부채 간의 균형을 통해 회사의 재무 안정성을 알 수 있습니다.

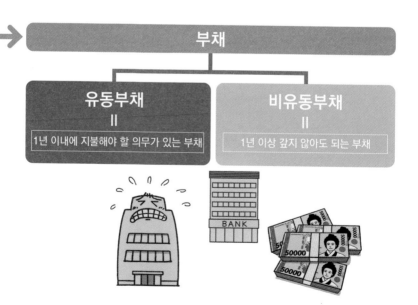

부채

유동부채	비유동부채
=	=
1년 이내에 지불해야 할 의무가 있는 부채	1년 이상 갚지 않아도 되는 부채

유동부채 박스의 주요 내용은 매입채무와 단기차입금이다

▼ 유동부채에 해당하는 것

매입채무		
	지불 어음	물건을 구입할 때 상품이나 재료 등을 구입한 증거로 주는 어음. 기일에 어음에 적힌 금액을 지불
	외상 매입대금	주된 사업의 영업활동과 관련된 거래에서 구매했지만 아직 지불하지 않은 대금. 약속한 기일에 지급

단기차입금	금융기관 등으로부터의 차입금 중 상환기한이 1년 이내인 것

미지급금	주된 사업의 영업활동으로 인한 거래 외의 거래에서 아직 지불하지 않은 대금. 미지급된 비품 구입대금 등

미지급 비용	그 1년(해당 기간)에 소요된 비용 중 아직 지불 기한이 오지 않은 비용

미지급 법인세 등	법인세 등 중 아직 납부하지 않은 것들

선수금	상품이나 서비스를 제공하기 전에 지불한 대가 상품이나 서비스를 제공할 의무가 있기 때문에 부채에 포함

예치금	거래처나 종업원 등으로부터 일시적으로 받은 돈. 직원의 월급에서 공제하고 회사가 일괄적으로 납부하는 세금이나 사회보험료 등

각종 충당금	1년 이내 지급에 대비하여 계상되는 돈

매입채무는 아직 지불하지 않은 돈

유동부채는 1년 이내에 갚아야 할 의무가 있는 부채를 의미하며, 지급 의무가 강한 순서대로 나열됩니다.

대표적인 유동부채로는 매입채무와 단기차입금이 있습니다.

그 중 매입채무는 지급어음이나 외상 매입대금 등으로, 상품이나 자재를 외상으로 구매했지만 아직 대금을 지불하지 않은 상태를 말합니다.

쉽게 말해, 신용카드로 물건을 사거나 공과금을 지불하는 것과 같은 상황입니다.

상품이나 서비스를 이미 받았지만, 신용카드사의 결제일이 되지 않아 아직 지불하지 않은 돈이 매입채무에 해당합니다.

지불 의무가
강하다

약하다

부채 부문	
유동부채	○○○○
매입채무	○○○○
단기차입금	○○○○
미지급금	○○○○
미지급비용	○○○○
선수금	○○○○
기타	○○○○
비유동부채	○○○○
장기차입금	○○○○
퇴직급여충당부채	○○○○
기타	○○○○
부채 합계	○○○○

유동부채는 지급 의무가 강한
순서대로 나열되어 있습니다.

단기차입금은 1년 이내에 갚아야 할 돈

유동부채 중 단기차입금은 은행 등 금융기관에서 빌린 돈 중 1년 이내에 갚아야 할 의무가 있는 자금을 의미합니다.

이는 단기적으로 차입한 자금으로, 짧은 기간 안에 상환해야 할 책임이 있기 때문에 회사의 단기 재무 상태에 중요한 영향을 미칠 수 있습니다.

▼ 단기차입금에 해당하는 것

은행으로부터의 차입	은행 등 금융기관에서 빌린 돈 중 상환 기간이 1년 이내인 것
계열사 및 거래처, 임원 등으로부터의 차입금	관계회사, 거래처, 임원 등으로부터의 채무 중 상환기한이 1년 이내인 채무
사채	기업이 발행하는 단기 사채로, 일반적으로 상환 기한이 1년 이내
어음 차입금	신용도가 높은 기업이 단기 자금 조달을 위해 발행하는 단기 약속어음
당좌 차월	당좌대출 한도를 정하고, 그 한도까지 자유롭게 돈을 빌릴 수 있는 대출

단기차입금에도 다양한 종류가 있군요.

하지만 은행에서 대출을 받는 것이 가장 일반적입니다.

단기차입금은 연결대출로도 사용된다

단기차입금은 주로 자금 부족을 해결하기 위해 단기적으로 필요한 자금을 조달하는 방법입니다. 이러한 단기차입금은 일반적으로 만기가 짧기 때문에, 한 번에 상환하기 어려운 경우에는 추가 자금을 마련하여 기존의 차입금을 상환하는 연결대출로 활용될 수 있습니다. 즉, 새로운 단기차입금을 통해 기존의 단기차입금을 상환함으로써 자금 유동성을 확보하는 방식입니다.

이런 연결대출 방식은 급박한 자금 흐름에 대응할 수 있는 방법이지만, 반복적으로 사용될 경우 높은 이자 부담과 더불어 재무 건전성에 악영향을 미칠 수 있습니다. 따라서 회사는 연결대출을 활용하되, 이를 과도하게 의존하지 않도록 주의해야 합니다.

곧 상환일이 다가온다. 또 연결대출을 받아야 하는데…

재정적 불안정 상황

단기차입금은 매출이 입금될 때까지의 연결자금 등에 사용됩니다.

부채 박스에 대한 지식 ❶

미래 지급에 대비한 충당금

충당금은 미래에 발생할 지급에 대비해 미리 설정해 두는 금액으로, 1년 이내에 발생할 가능성이 있는 경우 유동부채로, 1년 이후 발생할 가능성이 있는 경우 비유동부채로 분류됩니다.

충당금은 실제 지급이 이루어질 때 실제로 지출되며, 그렇기 때문에 부채 항목에 포함됩니다.

충당금에 해당하는 것

수선충당부채	건물이나 기계 등의 수선비용을 미리 대비하기 위해 설정한 충당금
대손충당금	채권의 회수 불능 가능성에 대비한 충당금으로, 고객이 외상 매출금을 갚지 못할 경우를 대비해 미리 설정하며, 매출채권의 일정 비율을 충당금으로 계상
제품보증충당부채	제품에 대한 사후 보증 비용을 대비해 설정하는 충당금
퇴직급여충당부채	퇴직금 지급에 대비한 충당금으로, 직원들이 퇴직할 때 지급해야 할 금액을 미리 준비해 두는 금액

대손충당금은 부채 부문에 포함되지 않는다

참고로 대손충당금은 실제로 돈이 나가는 것이 아니라, 매출채권을 회수하지 못할 가능성에 대비해 미리 손실을 반영하는 항목입니다.

따라서 대손충당금은 부채가 아닌 자산 부문에 포함되며, 유동자산 내 매출채권에서 차감하는 마이너스 자산으로 계상됩니다.

재무상태표 예시(발췌)

(단위: 백만 원)

자산 부문		부채 부문	
유동자산		유동부채	
현금및현금성자산	925,213	매입채무	227,207
단기금융상품	925,213	단기차입금	681,904
매출채권	63,844	미지급금	1,612,996
미수금	2,699,708	미지급비용	14,430
대손충당금	▲48,626	예수금	443,308
받을어음	505,145	미지급비용	239,755
재고자산	365,379	유동성장기부채	75,083
기타 유동자산	228,590	단기충당부채	324,342
		기타 유동부채	512,368

대손충당금은 자산 부문의 유동자산에 들어가는 것이 일반적입니다.

4-3 재무상태표의 구조 - 비유동 부채

비유동부채 박스의 주요 항목은
사채, 장기차입금, 퇴직급여충당부채이다

비유동금리채는 1년 이상 상환해야 하는 채무

재무상태표의 부채 부문에서 비유동부채는 1년 이상 장기적으로 상환해야 할 부채를 의미합니다.

비유동부채에는 주로 사채, 장기차입금, 퇴직급여충당부채가 포함되며, 이외에도 리스부채, 장기미지급금, 이연법인세부채 등 다양한 항목이 포함될 수 있습니다.

재무상태표

자산 부문	부채 부문
유동자산 현금및현금성자산 재고자산 매출채권 등	유동부채 매입채무 단기차입금 등
	비유동 부채 퇴직급여충당부채 사채, 장기차입금 등
	자본 부문
비유동자산 건물, 토지 투자자산 영업권, 특허권 등	자본금 자본잉여금 등

Check!

● 비유동채는 1년 이상 후에 갚아야 하는 부채
● 주로 사채, 장기차입금, 퇴직급여충당금 3가지가 있다

106

▼ 비유동부채의 예

(단위: 백만 원)

	직전 사업연도 2022년 3월 31일	당 사업연도 2023년 3월 31일
비유동부채		
사채	290,000	441,980
장기차입금	340,706	348,540
퇴직급여충당부채	156,072	164,423
비유동부채 합계	786,779	954,944

비유동부채는
시간을 두고 상환할 수 있습니다.

▼ 비유동부채는 크게 3가지 종류가 있다.

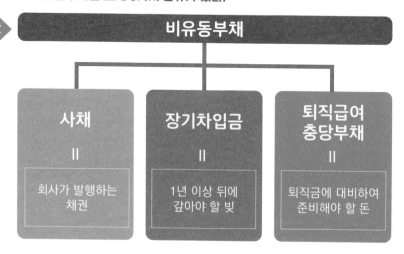

비유동부채

사채	장기차입금	퇴직급여 충당부채
‖	‖	‖
회사가 발행하는 채권	1년 이상 뒤에 갚아야 할 빚	퇴직금에 대비하여 준비해야 할 돈

사채는 투자자로부터 모은 돈

　사채는 회사가 자금을 조달하기 위해 발행하는 채권입니다.

　회사는 자금을 빌릴 때 회사채라는 형태의 채권을 발행하며, 이를 사채라고 부릅니다. 이것은 은행에서 대출을 받거나 주식을 발행하는 것 외의 자금 조달 방법으로 사용됩니다. 사채는 상환 기간이 1년 이상이면 비유동부채로 분류되며, 장기적으로 천천히 상환할 수 있는 빚입니다.

　반면, 상환 기간이 1년 이내이면 유동부채로 분류됩니다.

▼ 사채를 발행해 돈을 모으는 방법도 있다

매출 증대를
위한 신규 사업!

그러기 위해서는
연구시설을
확충해야 한다.

회사채를 발행해
자금을 조달하는
방법도 있구나.

장기차입금은 1년 이상 후에 갚으면 되는 빚

비유동부채 중 장기차입금은 은행 등 금융기관에서 빌린 돈으로, 갚아야 할 기한이 1년 이상 남은 부채를 의미합니다.

즉, 1년 이후에 상환해야 하는 빚입니다. 장기차입금은 주로 공장, 토지 등의 부동산 구입, 새로운 사업 또는 신상품 개발을 위한 설비 투자에 사용되는 것이 일반적입니다.

단, 상환 기한이 1년 이내로 다가오면 해당 부분은 유동부채로 분류됩니다.

▼ 천천히 갚을 수 있는 장기차입금은 설비투자에 활용

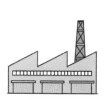

부채 박스에 대한 지식 ②

사채와 주식은 어떻게 다를까?

은행에서 돈을 빌리지 않고 투자자로부터 자금을 조달하는 방법으로는 회사채나 주식을 발행하는 방법이 있습니다.

그렇다면 사채와 주식은 어떻게 다를까요?

사채를 구매한다는 것은 회사에 돈을 빌려주는 것

투자자 입장에서 사채(회사채)를 구매한다는 것은 회사에 돈을 빌려주는 것과 같습니다. 따라서 상환기일, 즉 돈을 갚을 기한이 되면 빌려준 원금에 이자를 더해 돌려받을 수 있습니다.

또한 회사가 이익을 내지 않더라도 이자는 반드시 지급됩니다.

단, 해당 회사가 파산하는 경우에는 원금과 이자를 돌려받지 못할 위험이 있습니다.

사채와 주식은 모두 투자자로부터 돈을 모으기 위해 발행하는 것이잖아요. 두 가지가 어떤 차이가 있을까요?

사채를 구매하는 것은 회사에 돈을 빌려주는 것이고, 주식을 사는 것은 회사에 투자하는 것입니다.

주식을 사는 것은 회사에 투자하는 것

이에 반해 주식을 산다는 것은 회사에 투자하는 것을 의미합니다. 투자자는 회사의 미래 가치를 기대하며, 이익으로 인한 배당을 받을 목적으로 주식에 투자합니다. 주식을 매입하면 그 회사의 지분을 일부 보유하게 되며, 이는 회사에 대한 출자로 간주됩니다.

출자한 자금은 주주자본이 되어 회사에 상환할 의무가 없는 자금으로 사용됩니다. 따라서 상환 부담 없이 회사를 운영하는 데 활용할 수 있습니다.

또한, 회사의 실적이 좋아져 주가가 오르면 투자자는 주식을 매도하여 시세차익을 얻을 수 있으며, 주식을 보유하고 있을 경우에는 회사가 이익을 낸 일부를 배당금으로 받을 수도 있습니다.

회사채와 주식의 차이점

	사채	주식
투자자의 입장	채권자 (돈을 빌려주는 사람)	주주(회사의 일부를 소유)
받을 수 있는 이익	이자	배당금, 주가 상승 이익
이익을 얻는 확실성	반드시 받을 수 있다	이익이 나지 않으면 받을 수 없다(주가 상승 이익은 주가가 올랐을 때 주식을 팔아야 받을 수 있다)
돈 갚는 방법	돌려받을 수 있다 (파산한 경우 돌려받지 못할 가능성도 있다)	기본적으로 돌려받을 수 없다(팔아서 돈으로 바꿀 수는 있다)

부채 박스에 대한 지식 ❸

비유동부채 박스에도 충당금이 있다

유동부채를 설명할 때 대손충당금 외에도 다른 충당금을 언급했기 때문에, 일부 사람들은 다른 충당금도 유동부채에 속한다고 생각할 수 있습니다.

하지만 퇴직급여충당부채는 비유동부채 항목에 속하는 충당금입니다. 이는 회사가 직원에게 퇴직금이나 퇴직연금을 지급할 때를 대비해 미리 준비하는 자금입니다.

직원이 퇴직할 때 이 자금을 인출하여 지급하며, 수년간 축적되기 때문에 상환 시점이 1년 이상 남은 부채로 분류되며, 비유동부채로 처리됩니다.

자산 부문	부채 부문
유동자산 대손충당금	유동부채 미지급세금충당부채 이자비용충당부채 수선충당부채 제품보증충당부채
	비유동부채 퇴직급여충당부채
비유동자산	자본 부문
	주주자본
	기타

유동부채 이외의 항목에 들어 있는 충당금이 있네?

몇 년 동안 모은 돈을 은퇴할 때 내는 것이기 때문에 비유동채무에 들어갑니다.

유동부채와 비유동부채의 사용법

재무상태표의 부채 부문을 보면 회사가 어떻게 자금을 조달했는지를 알 수 있습니다.

그런데 1년 이내에 갚아야 하는 유동부채와 천천히 갚아나갈 수 있는 비유동부채는 돈의 사용처에 차이가 있을까요?

일반적으로 1년 이내에 갚아야 하는 유동부채는 상품이나 자재를 구매하거나 직원들의 급여 등 회사의 일상적인 운영 자금으로 사용됩니다.

반면, 비유동부채는 고가의 장비 구입, 새로운 공장 건설, 매장 신규 출점 비용 등과 같은 장기적인 설비 투자에 사용됩니다.

유동부채	비유동부채
자재 및 상품 대금 지불	공장 건설
직원 급여	신규 출점
등	등

자본은
지불할 의무가 없는 돈

재무상태표

자산 부문	부채 부문
유동자산 현금및현금성자산 매출채권 재고자산 등	유동부채 매입채무 단기차입금 등
	비유동부채 회사채 장기차입금 등
비유동자산 건물, 토지 투자 유가증권 등	**자본 부문**
	주주자본
	기타포괄손익누계액 신주인수권

자본은 지불할 의무가 없는 돈으로 자기자본이라고도 합니다.

자본이 많은 기업은 경영이 안정적이다

자본은 회사가 갚을 의무가 없는 자금으로, 주로 자기자본이라고도 합니다.

자본은 주주가 투자한 자금과 회사가 사업 활동을 통해 벌어들인 이익의 축적으로 계상됩니다. 자본이 많은 회사는 재정적으로 안정적이며, 부채 상환에 어려움을 겪을 가능성이 적습니다.

따라서 자본이 많을수록 경영 안정성도 높아집니다. 재무상태표는 매년 받는 건강검진의 진단서에 비유할 수 있습니다. 오랫동안 안정적으로 경영하고 자산을 관리한 회사는 건강한 재무 상태를 유지하고 있습니다. 자본은 자본금, 자본잉여금, 이익잉여금, 자기주식 등으로 구성되며, 기타포괄손익누계액과 주식매수청구권 등의 항목도 포함될 수 있습니다. 자본을 크게 보면, 주주자본(자본금, 자본잉여금, 이익잉여금 등)과 기타포괄손익누계액, 주식매수청구권으로 나눌 수 있습니다.

주주자본은 자본 박스의 주요 요소

주주자본은 자본 부문에서 가장 큰 비중을 차지하는 주요 요소입니다. 이 주주자본은 주주가 출자한 자본금, 자본잉여금, 그리고 이익의 축적인 이익잉여금과 자기주식으로 나뉩니다.

▼ 자본은 크게 3가지 종류로 나눌수 있다

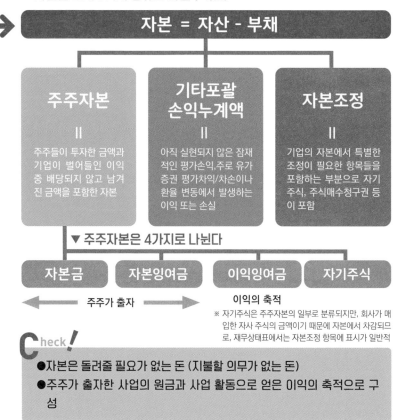

Check!
- 자본은 돌려줄 필요가 없는 돈 (지불할 의무가 없는 돈)
- 주주가 출자한 사업의 원금과 사업 활동으로 얻은 이익의 축적으로 구성

자본금은 주주가 출자한 돈

자본금은 주주가 회사를 위해 투자한 금액입니다. 회사가 자산을 형성하고 운영하는 데 필요한 기준 자금이라고 할 수 있습니다. 하지만, 주주가 낸 모든 금액이 자본금으로 계상되는 것은 아니며, 주식의 액면가 총액이 자본금으로 계산됩니다.

참고로, 회사의 사업이 성공하고 성장한다고 해서 자본금이 자동으로 증가하는 것은 아닙니다. 자본금을 늘리거나 줄이기 위해서는 주주총회에서 주주들의 결의가 필요합니다.

자본잉여금은 자본금을 보호하는 완충장비

자본잉여금은 주주들이 낸 돈 중 자본금에 포함되지 않는 부분을 말합니다. 예를 들어, 주식을 액면가보다 높은 가격으로 발행할 경우, 액면가를 초과한 금액이 자본잉여금으로 계상됩니다.

자본잉여금은 기업의 재무 상태가 악화되었을 때 손실을 보전하는 데 사용될 수 있으며, 자본금의 손실을 방지하는 완충 역할을 합니다.

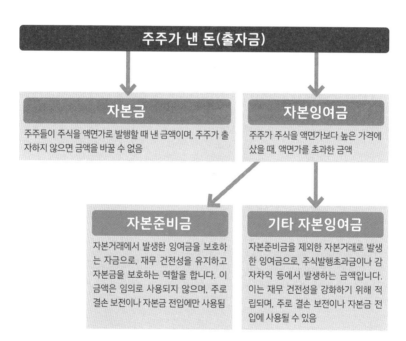

주주가 낸 돈(출자금)

자본금
주주들이 주식을 액면가로 발행할 때 낸 금액이며, 주주가 출자하지 않으면 금액을 바꿀 수 없음

자본잉여금
주주가 주식을 액면가보다 높은 가격에 샀을 때, 액면가를 초과한 금액

자본준비금
자본거래에서 발생한 잉여금을 보호하는 자금으로, 재무 건전성을 유지하고 자본금을 보호하는 역할을 합니다. 이 금액은 임의로 사용되지 않으며, 주로 결손 보전이나 자본금 전입에만 사용됨

기타 자본잉여금
자본준비금을 제외한 자본거래로 발생한 잉여금으로, 주식발행초과금이나 감자차익 등에서 발생하는 금액입니다. 이는 재무 건전성을 강화하기 위해 적립되며, 주로 결손 보전이나 자본금 전입에 사용될 수 있음

자본잉여금은 자본금을 보호하는 완충 역할을 합니다.

이익잉여금은 벌어들인 돈의 축적

이익잉여금은 기업이 사업 활동을 통해 벌어들인 이익 중 배당 등으로 지급되지 않고 회사 내부에 유보된 금액을 말합니다. 이 항목은 기업이 얼마나 많은 이익을 내부에 축적하고 있는지를 보여주는 지표입니다.

일반적으로 기업이 벌어들인 이익의 일부는 주주에게 배당금으로 지급되고, 나머지는 이익잉여금으로 적립되어 재무상태표에 기록됩니다. 이는 기업의 장기적인 재무 안정성을 높이며, 미래 투자나 비상시 자금으로 사용할 수 있는 자원으로 작용합니다.

따라서 이익잉여금은 기업의 재투자 가능성이나 위기 대처 능력을 나타내는 중요한 자산 항목입니다.

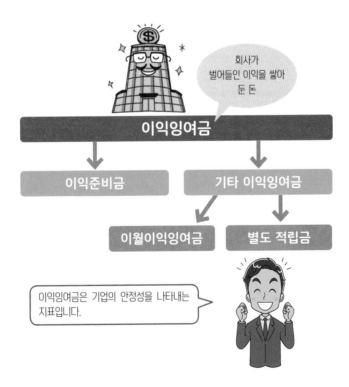

이익잉여금에는 2가지 종류가 있다

이 중 이익준비금은 법적으로 배당액의 1/10 이상을 적립해야 하는 금액입니다. 만약 이익을 모두 배당금으로 지급하게 되면, 회사에 남는 자금이 없어 재정 상황이 악화될 경우 은행이나 투자자에게 빌린 돈을 갚지 못할 위험이 생길 수 있습니다. 이러한 위험을 방지하기 위해, 법에서는 이익준비금과 자본준비금의 합계가 자본금의 1/2에 이를 때까지 적립하도록 규정하고 있습니다.

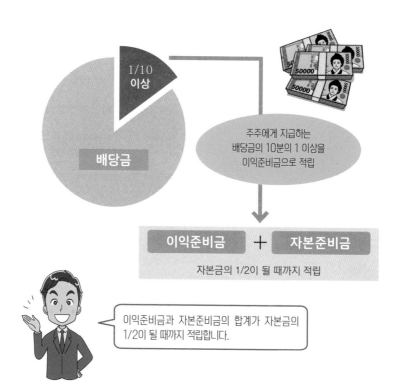

1/10
이상

배당금

주주에게 지급하는
배당금의 10분의 1 이상을
이익준비금으로 적립

이익준비금 ＋ 자본준비금

자본금의 1/2이 될 때까지 적립

이익준비금과 자본준비금의 합계가 자본금의
1/2이 될 때까지 적립합니다.

이월 이익잉여금은 이익금을 모아둔 통장

기타 이익잉여금은 이월이익잉여금과 별도적립금으로 나눌 수 있습니다.

이 중 이월이익잉여금은 회사 설립 이후 축적된 처분되지 않은 이익으로, 쉽게 말해 이익을 모아둔 통장 같은 개념입니다. 이월이익잉여금에 포함된 자금은 특정 용도로 지정되지 않은 자금입니다. 참고로, 손익계산서에서 계산된 당기순이익도 이 이월이익잉여금에 반영됩니다.

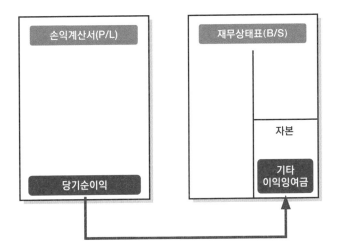

손익계산서의 당기순이익은 재무상태표의 기타 이익잉여금에 계상됩니다.

P/L과 B/S는 여기서 연결되는 거군요.

자기주식은 마이너스로 표시됨

자사주(자기주식)는 회사가 자신의 주식을 시장에서 매입한 주식입니다. 이는 투자자로부터 주식을 다시 사들이는 것이므로, 회사 입장에서는 투자받은 자금을 다시 투자자에게 돌려주는 것과 같습니다. 자사주를 매입하면 자기자본이 감소하며, 그 결과 재무상태표에서는 자사주가 마이너스 항목으로 표시됩니다. 즉, 자사주를 매입한 경우 자기자본이 줄어들게 됩니다.

자본 부문	
자본금	10,273
자본잉여금	23,167
이익잉여금	942,343
자기 주식	▲15,245
기타 자본조정	28,015
지배주주에게 귀속되는 지분	988,554
비지배주주 지분	45,646

개별자본

연결자본

※ 연결자본은 모회사와 자회사가 있는 그룹 전체의 자산, 부채, 자본 등을 통합한 자본으로, 그룹 전체의 재무 상태를 반영합니다. 연결재무제표는 이를 기준으로 작성되어 그룹의 성과를 한눈에 보여줍니다. 반면, 개별자본은 단일 회사의 자산과 부채를 기준으로 작성된 자본입니다. 이는 그룹이 아닌 특정 회사의 재무 상태와 성과를 반영하는 재무제표에서 나타납니다.

자사주를 주주로부터 매입하면 주주자본이 감소하기 때문에 마이너스로 표시됩니다.

기타포괄손익누계액 등은 시가와의 차이

기타포괄손익누계액은 유가증권이나 토지 등의 시가와 매입 시점의 가격 차이에서 발생하는 평가 손익을 포함한 항목으로, 아직 실현되지 않은 잠재적 손익을 반영합니다. 이는 재무상태표에서 기타포괄손익누계액으로 표시되며, 유가증권 평가손익, 외화 환산평가손익, 파생상품 평가손익, 재평가잉여금 등이 포함됩니다.

유가증권 평가손익은 기타포괄손익누계액의 중요한 일부로, 그중 가장 큰 비중을 차지하는 것은 매도가능증권 평가차익입니다. 여기서 '매도가능증권'이란 1년 이상 장기 보유할 목적으로 취득한 투자 유가증권을 의미하며, 이 유가증권의 매입 당시 가격과 현재 시가 간 차이에서 발생하는 평가손익을 나타냅니다.

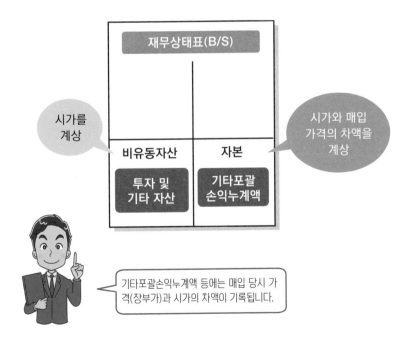

시가를 계상

시가와 매입 가격의 차액을 계상

재무상태표(B/S)

비유동자산 | 자본

투자 및 기타 자산 | 기타포괄 손익누계액

기타포괄손익누계액 등에는 매입 당시 가격(장부가)과 시가의 차액이 기록됩니다.

결산일 시가총액은 비유동자산에 기재

투자 유가증권은 판매를 목적으로 하지 않습니다. 따라서 가격이 오르거나 내려도 그 이익이나 손실이 언제 실현될지는 알 수 없습니다. 이에 따라 재무상태표의 비유동자산 항목에 결산일 기준 시가를 기재하고, 자본 항목의 기타 유가증권 평가차액으로 매입 당시 가격과 현재 시가 간의 차이를 반영하게 됩니다.

▼ 기타포괄손익누계액 등에 해당되는 것

매도가능증권평가손익	매도가능증권 매입가와 현재 시가의 차이에서 발생하는 평가손익입니다. 주식을 실제로 매도하기 전까지는 이익이나 손실이 실현되지 않지만, 재무상태표에 반영
파생상품평가손익	파생상품의 시장 가격 변동에 따른 평가손익입니다. 파생상품의 공정가치가 변동될 때 발생하며, 거래가 종료되기 전까지는 실현되지 않은 상태로 자본에 반영
해외사업환산손익	해외 자회사나 해외사업의 재무제표를 본국 통화로 환산할 때 발생하는 환율 변동에 따른 평가손익입니다. 이는 환율이 변동되면서 환산된 금액에서 발생하는 손익을 반영
재평가잉여금	유형자산(건물, 토지 등)을 재평가할 때, 시가가 장부가를 초과하는 경우 발생하는 차익입니다. 자산의 가치가 상승했을 때 그 평가차익이 재무제표에 반영

6 재무상태표를 살펴보자

P_{oin}t!

패스트 리테일링의
재무상태표 확인

유동자산이 부채보다 많은, 경영이 안정적인 회사!

　남녀노소 모두에게 인기 있는 유니클로를 보유한 패스트 리테일링의 손익계산서입니다.

　현금과 1년 이내에 현금화할 수 있는 유동자산의 금액이 부채 합계보다 많다는 것을 알 수 있습니다. 이를 통해 패스트 리테일링이 매우 안정적인 경영을 하고 있음을 알 수 있습니다.

　참고로, 재무상태표 역시 손익계산서와 마찬가지로 과거 수치나 동종업체와 비교하는 것이 중요합니다.

자산 부문의 유동자산 합계가 부채 부문의 부채 합계보다 많아 경영이 안정적임을 알 수 있습니다.

▼ 패스트 리테일링 재무상태표 2019년 8월말 기준

(단위: 백만원)

자산 부문		부채 부문	
유동자산		유동부채	
현금및현금성자산	1,086,519	매입채무	191,769
매출채권	60,398	단기차입금	159,006
단기금융상품	44,473	미지급금	2,985
재고자산	410,526	선수금	—
파생상품자산	14,787	예수금	27,451
선급법인세	1,492	충당부채	13,340
기타 유동자산	19,975	기타 유동부채	82,103
유동자산 합계	1,638,174	유동부채 합계	476,658
		비유동부채	
비유동자산		장기금융부채	499,948
유형자산	162,092	리스부채	—
사용권자산	—	충당부채	20,474
영업권	8,092	이연법인세부채	8,822
		파생상품부채	3,838
		기타 비유동부채	17,281
		비유동성부채 합계	550,365
		부채 합계	1,027,024
무형자산	60,117	자본 부문	
장기금융자산	77,026	자본금	10,273
지분법적용투자주식	14,587	자본잉여금	20,603
이연법인세자산	33,163	이익잉여금	928,748
파생상품자산	9,442	자기주식	▲15,271
기타 비유동자산	7,861	기타 자본조정	▲5,732
		지배주주에게 귀속되는 지분	938,621
		비지배주주 지분	44,913
비유동자산 합계	372,384	자본 합계	983,534
자산 합계	2,010,558	부채 및 자본 합계	2,010,558

과거의 수치와 비교해 보자!

그럼, 패스트 리테일링의 재무상태표를 지난 분기(2018년 8월 말 기준)와 비교해 봅시다.

주목할 만한 점은 이익잉여금이 크게 증가한 것과 더불어, 부채가 감소하고 자본이 증가하면서 총 부채 및 자본 합계가 늘어났다는 점입니다.

이를 통해 패스트 리테일링의 재무적 건전성이 한층 더 강화되었다고 볼 수 있습니다.

▼ 패스트 리테일링의재무상태표

(단위: 억 원)	2018년 8월기	2019년 8월기
자산		
유동자산		
현금및현금성자산	999,697	1,086,519
매출채권	52,677	60,398
단기금융상품	35,359	44,473
재고자산	464,788	410,526
파생상품자산	35,519	14,787
선급법인세	1,702	1,492
기타 유동자산	28,353	19,975
유동자산 합계	1,618,097	1,638,174
비유동자산		
유형비유동자산	155,077	162,092
사용권 자산	——	
영업권	8,092	8,092
무형자산	46,002	60,117
장기금융상품	79,476	77,026
지분법적용투자주식	14,649	14,587
이연법인세 자산	26,378	33,163
파생상품자산	——	9,442
기타 비유동자산	5,691	7,861
비유동자산 합계	335,368	372,384
자산 합계	1,953,466	2,010,558

안전성이 더욱 높아졌다고 할 수 있습니다.

전기보다 자산 합계가 증가했다

부채 및 자본금		
부채		
유동부채		
매입채무	214,542	191,769
단기차입금	171,854	159,006
미지급금	6,917	2,985
선수금	——	——
예수금	21,503	27,451
충당부채	11,868	13,340
기타 유동부채	72,722	82,103
유동부채 합계	499,410	476,658
비유동부채		
장기 금융 부채	502,671	499,948
리스부채	——	——
충당부채	18,912	20,474
이연법인세부채	13,003	8,822
파생상품부채	——	3,838
기타 비유동부채	16,690	17,281
비유동부채 합계	551,277	550,365
부채 합계	1,050,688	1,027,024
자본		
자본금	10,273	10,273
자본잉여금	18,275	20,603
이익잉여금	815,146	928,748
자기주식	▲15,429	▲15,271
기타 자본조정	34,669	▲5,732
지배주주에게 귀속되는 지분	862,936	938,621
비지배주주 지분	39,841	44,913
자본 합계	902,777	983,534
부채 및 자본 합계	1,953,466	2,010,558

> 부채는 전분기 대비 소폭 감소

> 이익잉여금이 크게 늘었다!

> 자본금 합계도 증가하고 있다!

칼럼

신주인수권이란?

자본 부문에는 신주인수권 항목이 포함됩니다.

신주인수권이란 미래에 미리 정해진 가격으로 주식을 매수할 수 있는 권리를 의미합니다.

예를 들어, 주식을 500원에 매수할 수 있는 권리를 가진 상태에서 주식 가격이 1000원으로 상승하면, 500원에 매수한 주식을 1000원에 팔아 1주당 500원의 이익을 얻을 수 있습니다.

이 신주인수권이 행사되면, 회사는 새로 발행된 주식의 대금을 받아 자본이 증가하게 됩니다.

즉, 신주인수권 행사를 통해 회사에 유입된 자금은 주주자본의 일부로 포함되며, 그 결과 신주인수권이 자본 항목에 기재됩니다.

앞으로 회사가 성장하고 주가가 오르면 큰 이익을 얻을 수 있을까?

벤처기업 등에서는 신주인수권을 직원들에게 제공하여 인센티브로 활용하는 경우가 많습니다.

Part

4

현금 흐름표(C/S)의 기초를 마스터하자!

현금흐름표(C/S)는 말하자면 건강진단서의 검사 수치와 같습니다.
회사의 자금 흐름을 통해, 앞으로 성장 가능성이 있는 회사인지,
혹은 파산 위험이 있는지를 파악할 수 있습니다.

현금흐름표(C/S)로 그 회사의 자금사정을
확인합시다!

내 현금 흐름은… 신경 쓰지
않겠어…

> 현금흐름표는 건강진단서의 검사 수치이다
> 회사의 돈이 왜 늘었는지 줄었는지 알 수 있다

현금흐름표 예시(발췌)

(단위: 억 원)

영업활동 현금흐름	2,800
당기순이익	3,378
법인세 등 납부액	▲1,039
감가상각비	970
운전자본 증감액	▲500
기타	▲9
투자활동 현금흐름	▲2,420
유형자산 취득	▲1,894
유가증권 증감액	10
단기금융상품 증감액	▲527
기타	▲8
재무활동 현금흐름	▲959
차입금 증감액	75
배당금 지급액	▲874
자기주식 취득액	▲105
기타	▲56
환산차액	▲131
현금및현금성자산 증감액	▲711
현금및현금성자산 잔액	7,572
이자부채 잔액	217

영업활동 현금흐름의 주요 내역

투자활동 현금흐름의 주요 내역

재무활동 현금흐름의 주요 내역

회계연도(해당 기간 동안)의 현금및현금성자산의 증감액

재무상태표의 현금및현금성자산과 거의 동일한 금액

1년간의 실제 돈의 움직임을 알 수 있다

현금흐름표는 회사의 일정 기간 동안의 자금 흐름을 나타냅니다.

현금흐름표를 통해 돈이 어디서 들어왔고, 어디로 나갔는지를 명확히 알 수 있습니다.

이러한 의미에서 현금흐름표는 회사의 재무적 상태를 진단하는 '건강진단서'와 비슷하다고 할 수 있습니다.

현금흐름표의 하단에 표시되는 '현금및현금성자산 증감액' 항목은 매우 중요합니다.

이 항목이 플러스라면 해당 기간(예: 1년) 동안 회사의 현금이 증가했다는 의미이고, 마이너스라면 현금이 감소했다는 것을 의미합니다.

1년간의 현금 증감 = **영업활동 현금흐름** + **투자활동 현금흐름** + **재무활동 현금흐름**

세 가지 현금 흐름을 합산하면 해당 회사의 1년 동안의 현금 증감을 알 수 있습니다.

많은 숫자가 나와 있지만, 우선 위의 네 가지를 확인하면 되겠지?

※현금흐름표는 두 가지 방법으로 작성됩니다.
1. 직접법: 현금의 유입과 유출을 개별적으로 기록해 구체적으로 나타내며, 각 항목의 현금 흐름을 보여줍니다.
2. 간접법: 순이익에서 시작해 비현금 항목(감가상각비, 충당금 등)을 조정하여 영업활동 현금을 계산하는 방식입니다. 일반적으로 간접법이 더 많이 사용되며, 간접법은 손익계산서의 순이익을 바탕으로 영업활동 현금을 계산하며, 비현금 항목을 조정하여 영업활동에서 발생한 현금흐름을 보여줍니다. 이 책에서는 간접법을 사용하여 현금흐름표를 작성하였습니다.

Check!

● 현금흐름표로 돈이 들어오고 나가는 이유를 알 수 있다
● 영업, 투자, 재무 3단계의 돈의 움직임을 알 수 있다

P/L, B/S와의 차이점은?

Part 2에서는 손익계산서, Part 3에서는 재무상태표에 대해 공부했습니다. 재무제표가 또 다른 종류가 있구나…라고 놀라시는 분들도 있을 것 같습니다.

복습을 겸해 각각 어떤 내용을 알 수 있는지 정리해 보겠습니다.

손익계산서는 회사가 얼마를 팔았고, 그 과정에서 얼마의 비용이 발생했으며, 최종적으로 얼마의 이익을 얻었는지를 나타냅니다.

즉, 회사의 수익성을 평가하는 자료입니다.

재무상태표는 회사가 자금을 어떻게 조달하고, 그 자금을 어떻게 사용

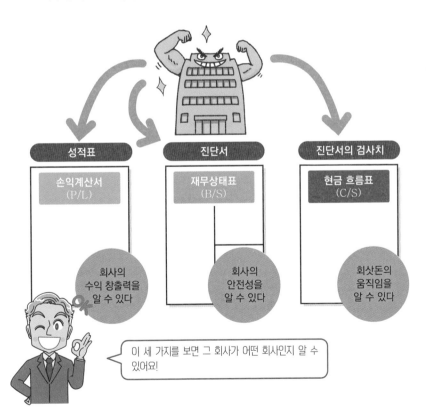

성적표

손익계산서 (P/L)

회사의 수익 창출력을 알 수 있다

진단서

재무상태표 (B/S)

회사의 안전성을 알 수 있다

진단서의 검사치

현금 흐름표 (C/S)

회삿돈의 움직임을 알 수 있다

이 세 가지를 보면 그 회사가 어떤 회사인지 알 수 있어요!

했는지를 보여줍니다.

이를 통해 회사의 재무 안정성을 확인할 수 있습니다.

현금흐름표는 회사의 자금 흐름을 나타내며, 회사의 성장성과 미래 잠
재력을 평가하는 데 유용한 자료입니다.

현금이 가리키는 것

그렇다면 현금흐름표에서 말하는 '현금'은 무엇을 의미할까요? 여기서
말하는 현금은 현재 수중에 있는 현금뿐만 아니라, 청구하면 바로 현금화
할 수 있는 자산도 포함됩니다. 또한 즉시 현금화할 수 있는 정기현금성
자산(보통 만기가 3개월 이내인 자산)도 이에 해당합니다.

이 외에도 가격 변동 위험이 적고 손실이 거의 없이 언제든지 현금화할
수 있는 공사채 투자신탁 등도 현금 범주에 포함됩니다.

▼ **현금은 무엇을 의미하나요?**

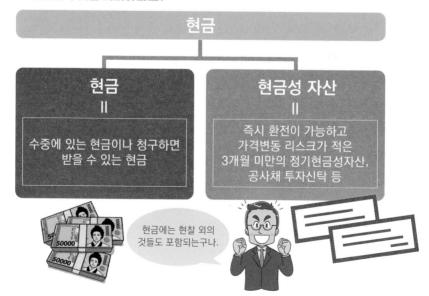

현금흐름표는 어떻게 봐야 하나요?

영업현금흐름, 투자현금흐름, 재무현금흐름의 박스(요소)로 구성되어 있다

3가지 검사치로 돈의 증감을 체크

현금흐름표는 영업활동 현금흐름(영업현금흐름), 투자활동 현금흐름(투자현금흐름), 재무활동 현금흐름(투자현금흐름)의 세 가지 요소로 구성되어 있습니다.

먼저, 영업활동 현금흐름은 주된 사업에서 현금이 어떻게 들어오고 나가는지, 투자활동 현금흐름은 설비투자나 자산운용 등 회사의 투자활동에서 현금의 이동을, 재무활동 현금흐름은 은행 등으로부터 자금을 빌리거나 상환하는 과정을 보여줍니다.

이 세 가지 현금흐름 항목이 플러스인지 마이너스인지를 우선적으로 살펴보는 것이 중요합니다.

참고로 손익계산서나 재무상태표에서는 가끔 다음 기에 들어올 돈을 미리 기록하거나, 다음 기에 팔릴 것 같은 재고를 현재 팔린 것으로 조작하는 등의 오류가 발생할 수 있습니다.

하지만 현금흐름표에 기록된 현금의 움직임은 객관적이며 조작이 어렵습니다. 그래서 세 가지 재무제표 중 현금흐름표는 가장 신뢰할 수 있는 자료로 간주됩니다.

Check!
- 영업, 투자, 재무의 현금흐름을 체크하는 것
- 돈의 흐름을 객관적으로 파악할 수 있다

현금흐름표 예시(발췌)

(단위: 억 원)

영업활동 현금흐름	**2,800**
당기순이익	3,378
법인세 등 납부액	▲1,039
감가상각비	970
운전자본 증감액	▲500
기타	▲9
투자활동 현금흐름	**▲2,420**
유형자산 취득	▲1894
유가증권 증감액	10
단기금융상품 증감액	▲527
기타	▲8
재무활동 현금흐름	**▲959**
차입금 증감액	75
배당금 지급액	▲874
자기주식 취득액	▲105
기타	▲56
현금및현금성자산에 대한 환율변동효과	**▲131**
현금및현금성자산 증감액	**▲711**
현금및현금성자산 잔액	**7,572**
채무 이자 잔액	**217**

먼저 이곳을 체크!

3가지 요소로 구성되어 있군요.

재무상태표의 현금및현금성자산과 거의 동일한 금액

현금 흐름표는 P/L 및 B/S와 연결되어 있습니다.

게다가 속임수가 통하지 않는, 신뢰도 높은 재무제표입니다!

3-1 현금흐름표의 구조 - 영업활동 현금흐름

영업활동 현금흐름은 주된 사업에서
얼마나 많은 현금을 벌어들였는지를 나타낸다

현금흐름표 예시(발췌)　　　　　　　　　　(단위: 백만 원)

영업활동 현금흐름	
당기순이익	321,022
영업활동으로 인한 자산부채의 변동	
재고자산의 감소	368,044
매출채권의 증가	344,997
매입채무의 증감	▲35,257
기타	3,925
소계	775,769
이자의 수취	22,343
배당금 수입	22,710
이자의 지급	▲22,530
법인세 납부액	▲188,267
영업활동 현금흐름	**610,025**

> 영업활동 현금흐름에는 다음과 같은 항목이 있습니다

> 먼저 이곳에 주목!

> 지금은 세부적인 항목이나 금액은 신경 쓰지 않아도 됩니다. 여기가 플러스인지 마이너스인지 확인해 봅시다.

영업활동 현금흐름은 플러스를 전제로 한다

건강검진의 검사 항목 중 하나에 비유할 수 있는 것이 바로 영업활동 현금흐름(Operating Cash Flow)입니다. 이는 회사가 주된 사업에서 발생한 현금의 흐름을 보여줍니다.

이 항목을 통해 회사가 주된 사업을 통해 얼마나 현금을 창출했으며, 최종적으로 얼마나 많은 현금이 남았는지 확인할 수 있습니다. 따라서 영업활동 현금흐름이 플러스인 회사는 주된 사업으로부터 안정적으로 현금을 벌어들이는 회사라고 할 수 있습니다. 또한, 이 금액이 클수록 회사의 현금창출 능력이 뛰어난 것으로 평가됩니다.

영업활동 현금흐름

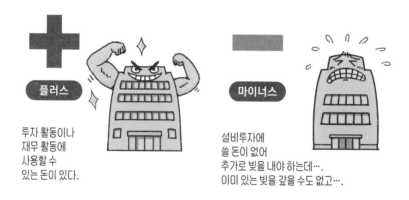

플러스

투자 활동이나
재무 활동에
사용할 수
있는 돈이 있다.

마이너스

설비투자에
쓸 돈이 없어
추가로 빚을 내야 하는데….
이미 있는 빚을 갚을 수도 없고….

C**heck**!

● 영업활동 현금흐름은 주된 사업에서 발생하는 돈의 흐름을 말한다
● 플러스라면 돈을 잘 벌고 있다

투자활동 현금흐름은
회사를 성장시킬 의지가 있는지를 판단한다

현금흐름표 예시(발췌)　　　　　　　(단위: 백만 원)

투자활동 현금흐름	
유형자산의 취득	▲382,351
무형자산의 취득	▲89,898
유형자산의 처분	—
무형자산의 처분	61,623
투자부동산의 처분	—
관계기업투자의 처분	—
기타	13,205
투자활동 현금흐름	▲162,872

투자활동 현금흐름에는 다음과 같은 항목이 있습니다

먼저 이곳에 주목!

마이너스라면 회사를 성장시키는 투자를 하는 회사입니다.

Check!

- 투자활동에는 설비투자와 자산운용이 있다
- 성장세를 이어가는 기업의 투자활동 현금흐름은 마이너스

마이너스가 늘어나는 회사

투자활동 현금흐름(Investing Cash Flow)에서는 회사가 투자와 관련된 자금의 흐름을 파악할 수 있습니다.

참고로 투자활동은 크게 두 가지로 나눌 수 있습니다: 설비투자와 자산운용입니다. 설비투자는 회사의 성장과 발전을 위한 투자로, 공장, 기계, 설비 등 새로운 사업을 시작하거나 신제품을 개발하기 위한 자산 구입이 포함됩니다. 자산운용은 보유하고 있는 현금을 효율적으로 활용하는 것으로, 주식이나 채권을 매입하거나 매도한 내역이 기록됩니다.

회사는 장기적인 성장을 위해 미래에도 계속 존속해야 한다는 가정이 있습니다. 따라서 설비투자 등 자산을 증대시키기 위한 투자가 필요합니다. 이 항목이 마이너스라는 것은 자금을 투입하여 설비투자 등을 했다는 것을 의미하며, 이는 성장하는 회사의 필수 조건이라고 할 수 있습니다.

투자활동 현금흐름

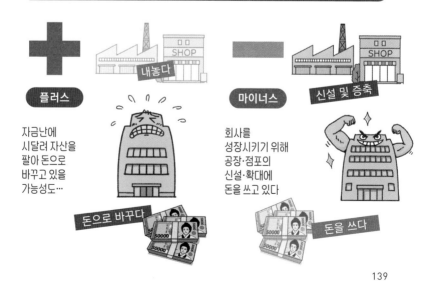

플러스

자금난에 시달려 자산을 팔아 돈으로 바꾸고 있을 가능성도…

내놓다

돈으로 바꾸다

마이너스

회사를 성장시키기 위해 공장·점포의 신설·확대에 돈을 쓰고 있다

신설 및 증축

돈을 쓰다

재무활동 현금흐름으로
돈의 흐름을 파악할 수 있다

현금 흐름표 예시(발췌)

(단위: 백만 원)

재무활동 현금흐름	
단기차입금 순증감	3,706
장기차입금 증가	87,636
장기차입금 상환	▲133,581
사채의 상환	—
비지배지분에 대한 지급	5,149
~~배당금 지급~~	~~,194~~
비지배지분 주주에게 배당금 지급	▲43,375
자기주식의 취득	▲231
자기주식 매각	211
비지배지분 주주로부터 자회사 지분 매입	▲162,692
비지배지분 주주에게 자회사 지분 일부 매각	—
기타	▲55
재무활동 현금흐름	**▲320,426**

재무활동 현금흐름에는 다음과 같은 항목이 있습니다

부채가 늘어나는지 확인해 봅시다!

먼저 이곳에 주목!

Check**!**

- 재무활동 현금흐름은 돈을 빌리고 갚는 것을 의미한다
- 재무활동 현금흐름만으로는 회사의 상황을 판단하기 어렵다

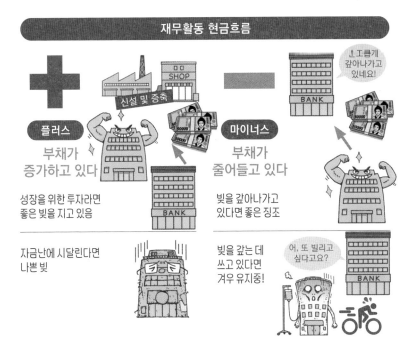

부채, 상환이 눈에 보인다

재무활동 현금흐름(Financing Cash Flow)은 자금 조달로 인한 돈의 유입과 유출을 나타냅니다.

이 수치가 플러스라면 부채가 늘어나는 것을 의미하고, 마이너스라면 부채를 갚아나가고 있다는 것을 의미합니다. 우선 이를 염두에 두고 재무현금흐름의 금액을 살펴보는 것부터 시작해봅시다.

참고로 회사가 자금을 조달하는 방법에는 은행에서 돈을 빌리는 방법과 주식을 발행(증자)하여 자금을 조달(증자)하는 방법이 있습니다. 전자는 차입을 일으킨다, 후자는 사채(회사채)를 발행한다라고 표현합니다.

4 현금흐름표로 경영 상태 확인

영업, 투자, 재무의 조합으로
회사의 경영 상태를 확인하자!

현금흐름표 예시(발췌)

(단위: 억 원)

영업활동 현금흐름	2,800
당기순이익	3,378
법인세 지급액	▲1,039
~~감가상각비~~	~~~~
운전자본 변동	▲500
기타	▲9
투자활동 현금흐름	▲2,420
토지의 취득	▲1,894
유가증권 매각	10
~~단기투자증권 매각~~	~~521~~
기타	▲8
재무활동 현금흐름	▲959
단기차입금의 차입	75
~~배당금 지급~~	~~574~~
자기주식 취득	▲105
기타	▲56

3가지의 조합으로 회사의 상태를 알 수 있습니다.

Check**!**

- 영업활동, 투자활동, 재무활동 중 하나만으로는 회사의 전체적인 모습을 파악할 수 없다
- 이 세 가지를 종합적으로 고려하여 판단하는 것이 중요

단독이 아닌 조합으로 보는 것

현금흐름표는 세 가지 요소를 종합적으로 분석해야만 회사의 실체를 파악할 수 있습니다.

영업활동 현금흐름이 플러스라면 회사가 주된 사업을 통해 현금을 벌어들이고 있다는 의미입니다. 하지만 투자활동 현금흐름과 재무활동 현금흐름만으로는 회사의 상태를 정확히 파악하기 어렵기 때문에, 이를 단독으로 보면 착시를 일으킬 수 있습니다.

따라서 현금흐름표를 볼 때는 이 세 가지 요소를 종합적으로 판단하는 것이 중요합니다.

예를 들어, 재무활동 현금흐름이 마이너스인 경우, 회사가 부채를 잘 갚고 있다는 의미일 수 있지만, 주된 사업에서 벌어들인 현금을 부채 상환에 사용하고 있을 가능성도 있습니다. 반면, 재무활동 현금흐름이 플러스인 경우, 부채가 증가하고 있을 수 있지만, 차입금을 통해 설비 투자에 활용하고 있다면 더 큰 성장을 기대할 수도 있습니다. 이 경우, 투자활동 현금흐름도 함께 분석해야 합니다.

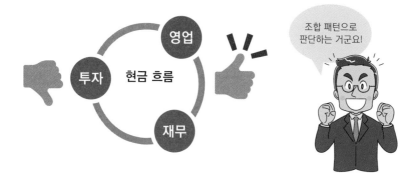

패턴 1

주된 사업의 수익으로 성장 전략까지! 모범적인 회사의 C/S

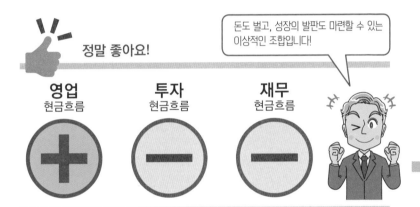

정말 좋아요!

돈도 벌고, 성장의 발판도 마련할 수 있는 이상적인 조합입니다!

영업 현금흐름	투자 현금흐름	재무 현금흐름
+	−	−

패턴 1은 영업활동 현금흐름이 플러스이고, 투자활동 현금흐름과 재무활동 현금흐름이 마이너스인 경우입니다.

이 패턴에서는 영업활동 현금흐름이 플러스이므로, 회사가 주된 사업을 통해 돈을 잘 벌고 있다는 것을 알 수 있습니다. 다음으로 투자활동 현금흐름이 마이너스이므로, 주된 사업에서 벌어들인 돈을 설비투자에 사용하고 있다고 판단할 수 있습니다.

또한, 재무활동 현금흐름이 마이너스인 경우, 빚을 갚아나가고 있다는 것을 의미합니다.

이 정도의 재무 상태라면 앞으로의 성장이 기대되고, 경영 상태도 매우 양호하다고 할 수 있어, 흠잡을 데 없는 우수한 기업으로 평가할 수 있습니다.

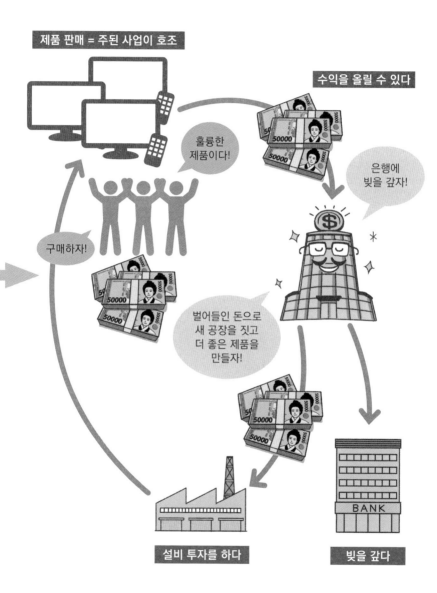

성장을 목표로 '수련 중'?
간신히 합격점을 받은 C/S

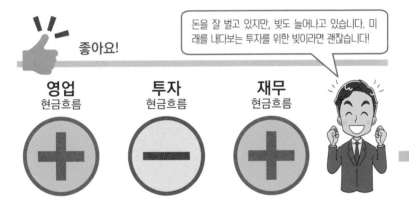

좋아요!

> 돈을 잘 벌고 있지만, 빚도 늘어나고 있습니다. 미래를 내다보는 투자를 위한 빚이라면 괜찮습니다!

영업
현금흐름

투자
현금흐름

재무
현금흐름

＋　ー　＋

　　패턴 2에서는 영업활동 현금흐름이 플러스이므로, 주된 사업에서 돈을 잘 벌고 있다는 것을 알 수 있습니다. 또한, 투자활동 현금흐름이 마이너스이기 때문에, 주된 사업에서 벌어들인 돈으로 설비투자를 하고 있다고 판단할 수 있습니다.

　　패턴 1과 다른 점은 재무활동 현금흐름이 플러스라는 점입니다. 이를 통해 회사가 은행에서 차입금을 받고 있다는 것을 알 수 있습니다.

　　이 회사는 주된 사업에서 벌어들인 자금만으로는 설비투자 자금이 충분하지 않아, 은행에서 차입을 했을 가능성이 있습니다. 이러한 패턴은 스타트업에서 자주 나타납니다. 다만, 차입금이 미래 성장에 필요한 투자에 사용된다면 큰 문제는 없다고 할 수 있습니다.

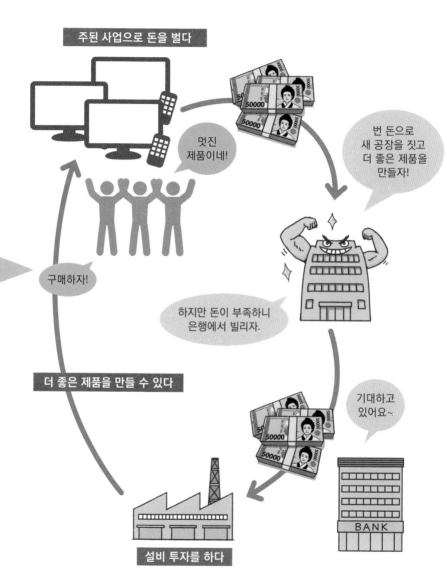

자금 운용이 어려운 상황?
위험신호인 C/S

 유감스럽게도…

> 주된 사업으로 돈을 벌지 못하고 은행에서 돈을 빌려주지 않기 때문에 자산을 팔아 빚을 갚고 있을 가능성이 있습니다.

영업
현금흐름

투자
현금흐름

재무
현금흐름

패턴 3은 영업활동 현금흐름이 마이너스, 즉 주된 사업에서 현금을 벌어들이지 못하는 상태입니다. 이 정보만으로도 회사의 상황이 좋지 않음을 알 수 있습니다.

재무활동 현금흐름이 마이너스이기 때문에 부채가 증가하지는 않았습니다. 하지만, 투자활동 현금흐름이 플러스이므로, 회사가 더 이상 은행에서 차입할 수 없는 상황에서 자산을 매각해 주된 사업에 대한 지불이나 부채를 상환하고 있다는 것을 알 수 있습니다.

이러한 패턴은 회사의 경영 상태가 결코 양호하지 않음을 나타내며, 향후 부도 위험에 처할 가능성이 큽니다.

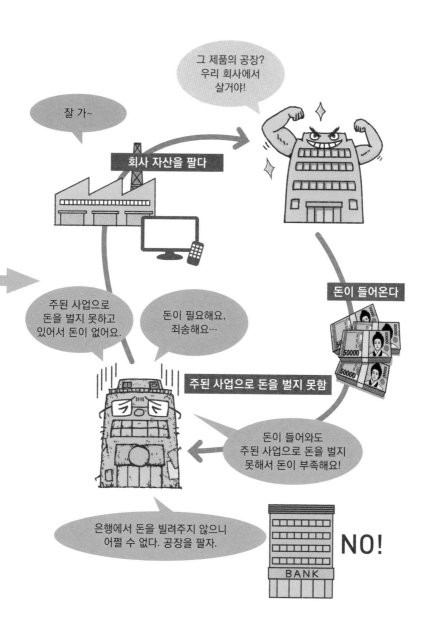

파산 초읽기 단계?
주의가 필요한 C/S

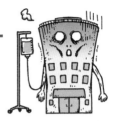

 너무 아쉽지만…

> 주된 사업으로 돈을 벌지 못하고 있고, 빚은 줄고 있지만 투자도 못하고 있습니다. 상당히 위험한 상태입니다.

영업 현금흐름	투자 현금흐름	재무 현금흐름

　영업활동 현금흐름이 마이너스, 재무활동 현금흐름도 마이너스, 투자활동 현금흐름이 플러스 마이너스 제로인 상태는 그 회사가 부도 위험에 빠졌음을 의미합니다. 주된 사업에서 현금이 들어오지 않고, 은행에서도 더 이상 자금을 조달할 수 없으며, 매각할 자산마저 없어진 상태이기 때문입니다. 이 패턴에서는 남아있는 현금이 거의 소진된 시점에서 결국 파산하게 됩니다. 만약 당신이 근무하는 회사나 앞으로 취업 또는 이직을 고려하고 있는 회사가 이러한 상태에 있다면, 빠르게 결정을 내리고 떠나는 것이 더 나은 선택일 수 있습니다.

패턴 **2** 유형 **A**

불필요한 자산을
처분 중인 C/S

좋아요!

주된 사업으로 벌어서 빚을 갚고 있습니다. 하지만 자산을 헐값에 팔고 있을 가능성도 있습니다.

영업
현금흐름

투자
현금흐름

재무
현금흐름

영업활동 현금흐름이 플러스이기 때문에, 주된 사업에서 현금을 벌어들이고 있다는 것을 알 수 있습니다. 또한 재무활동 현금흐름이 마이너스이기 때문에, 빚을 갚아나가고 있는 상황으로 보입니다. 그러나 투자활동 현금흐름이 플러스라는 점을 보면, 주된 사업에서 벌어들인 돈만으로는 빚을 모두 상환할 수 없어서 자산의 일부를 매각하여 부채를 상환하고 있을 가능성도 있습니다. 사용하지 않거나 불필요한 자산을 매각하는 것은 비용을 줄이고 재무를 개선할 수 있는 긍정적인 효과를 가져올 수 있습니다. 하지만 회사의 상태를 더 정확하게 판단하기 위해서는, 투자활동 현금흐름의 세부 내용을 반드시 확인해야 합니다.

투자와 재무 내용을 확인해야 하는 C/S

> 주된 사업으로 돈을 버는 반면, 빚은 늘어나는데 투자는 하지 않고 있습니다. 자산을 깎아먹고 있을 가능성도 있습니다.

영업 현금흐름	투자 현금흐름	재무 현금흐름
➕	➕	➕

이 회사는 영업활동 현금흐름, 재무활동 현금흐름, 투자활동 현금흐름이 모두 플러스입니다.

주된 사업에서 현금을 잘 벌어들이고 있지만, 동시에 은행에서 자금을 차입하고 있습니다. 또한, 투자활동 현금흐름이 플러스이기 때문에 은행에서 차입한 후 자산을 매각하여 상환 자금을 마련하고 있을 가능성이 있으며, 또는 자산 매각에서 얻은 자금을 투자 자금으로 활용하고 있을 수도 있습니다.

혹은 차입을 통해 설비투자를 하면서 자산운용을 통해 설비투자 금액보다 더 큰 수익을 올리고 있을 가능성도 있습니다.

주된 사업으로 수익을 내지 못해 자산을 매각 중? 위험신호인 C/S

 유감스럽게도…

> 주된 사업으로 돈을 벌지 못하고, 게다가 빚이 늘고 있습니다. 어쩌면 자산을 헐값에 팔아먹고 어떻게든 버티고 있을지도 모릅니다.

영업 현금흐름	투자 현금흐름	재무 현금흐름

영업활동 현금흐름이 마이너스이고, 투자활동과 재무활동 현금흐름이 모두 플러스인 상태라면, 주된 사업에서 현금을 벌지 못하고 있으면서 은행에서 차입을 하고, 자산을 매각하는 상황을 상상할 수 있습니다.

이 시기에 우연히 실적이 나빠 주된 사업에서 현금을 창출하지 못해, 부채 상환을 위해 은행에서 차입을 하고, 자산까지 매각한 것일 수도 있습니다. 만약 이 상황이 일시적이라면 큰 문제가 없을 수 있지만, 장기적으로 지속된다면 점차적으로 재정 압박이 심화될 수 있습니다. 이러한 상태에서는 결국 자금 순환이 원활하지 않아 파산 위험에 빠질 가능성이 높습니다. 따라서 투자활동 현금흐름의 상세한 내역을 확인하고, 향후 실적 전망도 면밀히 체크하는 것이 매우 중요합니다.

패턴 **3** 유형 **B**

역사가 오래된 회사라면
위험신호인 C/S

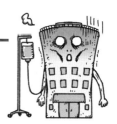

너무
아쉬워…

> 주된 사업으로 돈을 벌지 못하기 때문에 은행에서 돈을 빌려서 신규 사업 등에 투자하고 있습니다. 하지만 신규 사업이 실패하면 파산할 위험도 있습니다.

영업
현금흐름

투자
현금흐름

재무
현금흐름

영업활동 현금흐름과 투자활동 현금흐름이 모두 마이너스이고, 재무활동 현금흐름이 플러스인 상태는 주된 사업에서 현금을 창출하지 못하면서, 은행에서 차입을 통해 설비투자를 하고 있다는 것을 의미합니다.

이러한 패턴은 창업한 지 얼마 되지 않은 스타트업 기업에서 자주 나타나는 경향이 있습니다. 적극적인 설비투자가 성공적으로 이루어지면, 사업이 성장 궤도에 오를 수 있습니다.

하지만 성숙한 기업에서 이러한 패턴이 발생하고, 신규 사업이나 신제품 개발이 실패할 경우에는 도산 위험이 있을 수 있습니다.

잉여현금흐름에도 주목

갚을 필요 없이 자유롭게 사용할 수 있는 돈

현금흐름표에서는 세 가지 요소(영업활동, 투자활동, 재무활동)를 종합적으로 판단하는 것 외에도, 잉여현금흐름(Free Cash Flow) 항목에 주목하는 것이 중요합니다.

잉여현금흐름은 기업이 갚을 필요가 없는 여유 자금을 의미합니다. 이 자금은 자유롭게 사용할 수 있어, 설비투자에 활용하거나, 배당금 지급 또는 재무구조 개선에 사용할 수 있습니다.

잉여현금흐름이 많을수록 기업이 자유롭게 활용할 수 있는 자금이 많다는 뜻이며, 이는 기업의 우량성을 나타내는 중요한 지표가 될 수 있습니다.

회사가 자유롭게 사용할 수 있는 돈

| 영업활동
현금흐름 | + | 투자활동
현금흐름 | = | 잉여현금흐름 |

잉여현금흐름은 주된 사업에서 벌어들인 현금(영업활동 현금흐름)에서 설비투자, 배당금, 유가증권 투자 등과 같은 투자활동으로 인한 현금유출을 차감하여 간단하게 계산할 수 있습니다.

사용법으로 경영방침을 알 수 있다

잉여현금흐름을 간단하게 계산하는 방법으로는 영업활동 현금흐름과 투자활동 현금흐름을 합산하는 방식이 있습니다. 그러나 엄밀히 말하면, 이 계산에서 차입금이나 부채 상환 또는 이자 지급과 같은 금융 활동에서 발생하는 비용은 제외하고 계산해야 합니다.

현금흐름표 예시(발췌)

(단위: 백만 원)

	2023년 2월기
영업활동 현금흐름	81,664
투자활동 현금흐름	▲30,424
재무활동 현금흐름	▲11,340
현금및현금성자산 잔액	100,053
잉여현금흐름	51,240

현금흐름표에 잉여현금흐름을 기재하는 회사도 있습니다.

자유롭게 쓸 수 있는 돈이 있다

중요한 것은 잉여현금흐름을 어떻게 활용하느냐입니다.
이 현금을 어떻게 사용하느냐에 따라 회사의 경영방침을 파악할 수 있습니다.

5 현금흐름표의 예

우량기업의 현금흐름표를 살펴보자!

A기업 연결현금흐름표(발췌)	2022년3월기	2023년3월기
영업활동 현금흐름		
당기순이익	490,918	321,022
영업활동 현금흐름 조정 항목		
감가상각비 및 무형자산 상각비	364,432	368,044
자산 감손손실	48,656	344,997
법인세비용	131,659	183,699
지분법 적용 투자 손익	▲62,483	15,016
금융수익 및 금융비용	▲862	▲6,387
사업 재편 등 손익	▲9,774	▲184,630
비유동자산 매각손익	2,395	▲18,966
매출채권 증감	47,216	―
기타 자산 증감	―	1,793
재고자산 증감	▲181,207	▲149,500
기타 자산 증감	▲17,321	▲13,419
매입채무 증감	97,923	▲16,107
퇴직급여 관련 부채 증감	▲40,137	▲38,461
기타 부채 증감	44,320	▲35,257
기타 조정항목	▲7,743	3,925
소계	907,992	775,769
이자수입	9,767	22,343
배당금 수익	17,902	22,710
이자비용 지급	▲21,582	▲22,530
법인세 납부	▲186,911	▲188,267
영업활동 현금흐름	727,168	610,025
투자활동 현금흐름		
유형자산 취득	▲352,047	▲382,351
무형자산 취득	▲91,528	▲89,898
유형 및 무형 임대자산의 취득	▲3,263	―
유형자산 및 무형자산 매각	37,076	61,623
유형 및 무형 임대자산의 매각	9,628	―
리스채권의 회수	―	―
유가증권 및 금융자산 취득	▲243,124	△72,422
유가증권 및 금융자산 매각	178,188	306,971
기타 투자활동 현금흐름	▲2,893	13,205
투자활동 현금흐름	▲474,328	▲162,872
잉여현금흐름	252,840	447,153

(단위: 백만 원)

주된 사업으로 꾸준히 현금을 벌고 있다

미래를 내다보는 투자도 확실하게 하고 있다

마음대로 쓸 수 있는 돈도 넉넉하다

재무활동으로 인한 현금 흐름		
단기차입금 증감	▲104,819	3,706
장기차입금 조달	143,354	87,636
장기차입금 상환	▲256,944	▲133,581
사채 및 차입금 조달 및 상환	▲218,409	―
비지배지분 납입입	3,953	5,149
배당금 지급	▲67,568	▲77,194
비지배지분 주주에게 배당금 지급	▲32,066	▲43,375
자기주식 취득	▲292	▲231
자기주식 매각	49	211
비지배 지분 주주로부터의 자회사 지분 취득	▲6,982	▲162,692
비지배 지분 주주에게의 자회사 지분 일부 매각	205	―
기타	▲344	▲55
재무활동으로 인한 현금 흐름	▲321,454	▲320,426
현금및현금성자산의 환율변동효과	1,336	▲17,098
현금및현금성자산의 순증감	▲67,278	109,629
기초 현금및현금성자산	765,242	697,964
기말 현금및현금성자산	697,964	807,593

차입금도 값을 수 있다

전분기 대비 현금 흐름의 잔액이 증가 했다

주된 사업으로 돈을 벌고, 투자도 하고, 빚도 갚고 있는 우량기업입니다.

플러스와 마이너스의 균형에 주목

　소개할 내용은 A기업의 현금흐름표(발췌)입니다. 현금흐름표도 손익계산서나 재무상태표와 마찬가지로 과거 실적과 비교하거나 동종 업계와 비교하는 것이 중요합니다. 여기서는 지난 기와의 비교를 제시하고 있습니다. 이 회사의 경우 영업활동 현금흐름은 플러스, 투자활동 현금흐름과 재무활동 현금흐름은 모두 마이너스입니다. 따라서 이는 144페이지에서 언급한 패턴 1에 해당하는 우량기업의 사례라고 할 수 있습니다.

잉여현금흐름을
어떻게 판단하는가?

잉여현금흐름이 풍부한 회사는 자유롭게 사용할 수 있는 자금이 많은 회사입니다.

다만, 잉여현금흐름이 마이너스라고 해서 반드시 회사의 경영상태가 나쁘거나 곧 도산할 것이라고 단정 짓기는 어렵습니다.

예를 들어, 성장 단계에 있는 스타트업의 경우, 주된 사업에서 벌어들이는 현금이 아직 적기 때문에 잉여현금흐름이 마이너스가 되는 경우가 많습니다. 하지만 성장을 위한 적극적인 투자가 이루어지고 있다면 이는 큰 문제가 아닐 수 있습니다.

반면, 성숙한 기업에서 잉여현금흐름이 마이너스인 경우, 주된 사업에서 벌어들인 현금보다 더 많은 투자를 하고 있을 가능성이 있습니다. 이 경우, 무리한 투자가 아닌지 넓은 시각에서 추가적인 분석이 필요합니다.

성장하는 회사		성숙한 회사
주된 사업으로 벌어들인 현금 범위 내에서 투자를 하고 있다. 이제 성숙기에 접어들었나?		주된 사업으로 벌어들인 현금의 범위 내에서 투자할 수 있다.
적극적인 투자를 하고 있기 때문에 벌어들인 현금만으로는 투자 자금을 충당할 수 없는 경우도 있다.		주된 사업으로 벌어들인 현금 이상의 투자를 하고 있다. 무리한 투자를 하고 있지는 않은지 내용 확인

바로 알고 싶은 재무제표에 대한 궁금증을 풀어드립니다!

이번 장에서는 독자 여러분이 궁금해하는
재무제표에 대한 간단한 질문들을 문답 형식으로
풀어보도록 하겠습니다!

읽는 방법만 알면 재무제표는 어렵지
않습니다!

재무제표에서 많은 것을
알 수 있구나!

이제 마스터할 수
있어요!

 ① 우리 회사가 경영상황이 좋지 않다고 합니다.
파산하지 않을지 어떻게 알 수 있나요?

A ①

파산 여부는 재무상태표를 보면 알 수 있습니다.

직장 동료에게 '경기가 좋지 않다'는 말을 들으셨나요? 아니면 뉴스에서 그런 보도를 접하셨나요? 어느 쪽이든 현재 경제 상황이 어렵다고 느끼셨을 겁니다.

회사가 부도가 날 위험이 있는지 여부는 재무상태표를 통해 확인할 수 있습니다.

재무상태표에서 회사의 자산이 부채보다 적다면 채무초과 상태가 될 수 있으며, 이 경우 파산 위험이 있습니다.

▶ 부도 여부는
①와 ②를 체크한다

파산 여부를 확인하려면 부채 합계와 자산 합계를 확인 합시다!

자산 부문	부채 부문
	② 부채 합계
	자본 부문
	자본 합계
① 자산 합계	부채 및 자본 합계

　채무초과 상태가 아니더라도, 재무상태표에서 1년 이내에 상환해야 할 유동부채가 현금이나 1년 내에 현금화할 수 있는 유동자산을 초과하고 있다면 주의가 필요합니다.

---

① 보다 ② 가 많으면…

파산은 시간문제?
부도난 회사

자산	부채
자본	

자산 < 부채

한숨을 내쉬며
겨우 유지중인 회사

유동자산	유동부채
비유동자산	비유동부채
	자본

유동자산 < 유동부채

Check **!**

- 부도가 나지 않았는지 재무상태표를 확인한다
- 부채 합계가 자산 합계보다 많은 채무초과라면 파산도 시간문제

돈을 벌고 있는데도 파산하는 경우도 있습니다.

질문 중에 '우리 회사가 어렵다고 합니다'라는 내용이 있습니다. 회사의 상황이 좋은지 아닌지는 손익계산서를 통해 확인할 수 있습니다.

손익계산서에는 매출총이익, 영업이익, 법인세비용차감전손익, 당기순이익이라는 주요 이익 항목들이 있습니다.

이 중 영업이익은 주된 사업에서 벌어들인 이익을 나타냅니다. 만약 이 부분이 마이너스이거나 과거의 영업이익에 비해 감소했다면, 주된 사업이 부진하다는 의미이며, 이는 회사 상황이 좋지 않다고 볼 수 있습니다.

손익계산서의 예시(발췌) (단위: 백만 원)

매출액	6,875
매출원가	2,071
매출총이익	4,804
판매비와 관리비	5,013
영업이익	▲209
기타수익	85
기타비용	80
금융수익	37
금융비용	250
법인세비용차감전손익	▲415
법인세, 주민세 및 사업세	25
법인세 등 조정금액	13
당기순이익	▲454

회사의 경기가 좋은지 여부는 주된 사업에서 벌어들이는 수익인 영업이익을 확인해 봅시다.

1기(1년)뿐만 아니라 과거와 비교하는 것도 중요합니다.

　흑자 도산에 대한 설명도 중요합니다. 회사가 흑자를 내더라도, 현금 흐름이 부족하면 도산할 수 있습니다. 사업을 지속하기 위해서는 현금이 필수적입니다.

　이익이 나고 있어도, 거래처로부터 판매대금을 제때 회수하지 못하거나 부채 상환에 대부분의 이익을 사용하게 되는 경우 현금이 부족해질 수 있습니다. 이와 같은 상황을 흑자 도산이라고 합니다.

　흑자 도산 여부를 파악하려면 현금흐름표를 확인하는 것이 중요합니다.

현금흐름표가 이런 상태라면 흑자부도 주의!

영업 현금흐름	투자 현금흐름	재무 현금흐름

영업 현금흐름	투자 현금흐름	재무 현금흐름

Q 2 제가 취업할 회사는
성장성이 낮다고 하는데,
어떤 부분을 보면 알 수 있나요?

A 2

회사의 성장성은 현금흐름표를 보면 알 수 있습니다.

취업을 하셨군요. 축하드립니다!

회사의 미래성과 성장성을 확인하려면 현금흐름표를 보는 것이 중요합니다.

현금흐름표는 영업활동 현금흐름, 투자활동 현금흐름, 재무활동 현금흐름의 세 가지 요소로 구성되어 있습니다. 각각을 단독으로 보기보다는 조합해서 판단하는 것이 중요합니다.

성장이 기대되는 회사는 미래를 내다보고 투자를 하고 있습니다. 현금흐름표에서 이러한 조합을 확인하면 성장 가능성이 높은 회사를 파악할 수 있습니다.

Check**!**

● 회사의 미래성, 성장성은 현금흐름표로 확인 가능
● 영업, 투자, 재무의 조합으로 판단

현금흐름표 예시(발췌)

(단위: 억 원)

영업활동 현금흐름	**2,800**
법인세비용차감전손익	3,378
법인세 등 납부액	▲1,039
감가상각비	970
운전자본 증감액	▲500
기타	▲9
투자활동 현금흐름	**▲2,420**
장비 투자 비용	▲1,894
유가증권 증감액	10
정기현금성자산 증감액	▲527
기타	▲8
재무활동 현금흐름	**▲959**
차입금 증감액	75
배당금 지급액	▲874
자기주식 취득액	▲105
기타	▲56

이 3가지를 체크!

이 화살표가 가리키는 항목이 플러스인지 마이너스인지에 주목합시다!

영업 현금흐름	**투자** 현금흐름	**재무** 현금흐름
✚	━	━

주된 사업으로 돈을 벌고 있고, 투자도 잘하고 있고, 빚도 갚아나가고 습니다. 성장할 수 있을 것 같은 회사인 것 같습니다.

한 걸음 더 나아간 조언

회사에 무엇을 기대하느냐에 따라 보는 것이 달라집니다.

이 질문을 보고 문득 궁금해졌습니다. 여러분은 회사에 대해 어떤 기대를 가지고 계시나요? 혹시 회사의 성장성이 낮다는 점을 걱정하고 계신가요? 만약 회사의 성장성을 파악하고 싶다면, 손익계산서에서 매출액과 영업이익을 확인하는 것이 유용합니다. 지난 3년 정도의 데이터를 살펴보며 매출액과 영업이익이 꾸준히 증가하고 있는지 확인해보세요. 만약 꾸준한 성장이 나타난다면, 그 회사는 사업 확장 추세에 있다고 볼 수 있습니다.

손익계산서의 예시(발췌)

(단위: 백만 원)

	2023년 2월기	2022년 2월기	2021년 2월기
매출액	6,081	5,720	5,129
매출총이익	3,314	3,147	2,782
판매비와 관리비	2,306	2,214	1,924
영업이익	1,007	933	857
법인세비용차감전손익	1,030	948	875
당기순이익	681	642	599

사업이 성장하고 있는지 알고 싶다면, 먼저 매출액을 확인해보세요. 이후 최근 3년간의 매출을 비교하여 성장 여부를 파악해 봅시다.

또한, 성장성은 현금흐름표에서도 확인할 수 있습니다. 영업활동 현금 흐름이 플러스라면, 주된 사업에서 현금을 안정적으로 벌어들이고 있는 상태입니다. 특히, 투자활동에서 지속적으로 자금을 투입하는 회사는 미래 성장을 위해 투자를 하고 있는 것이므로 긍정적인 신호일 수 있습니다.

회사가 성장하기 위해서는 주된 사업에서 수익을 내는 것이 필수적입니다. 영업이익을 지난 3년에서 5년 정도 비교해보면, 회사가 안정적인 수익을 내고 있는지 쉽게 판단할 수 있습니다.

손익계산서의 예시(발췌)   (단위: 백만 원)

	2023년 12월기	2022년 12월기	2021년 12월기
매출액	37,388	41,079	46,307
매출총이익	16,557	20,942	24,720
판매비와 관리비	21,726	26,078	29,318
영업이익	▲5,168	▲5,136	▲4,597
법인세비용차감전손익	▲5,313	▲5,144	▲4,436
당기순이익	▲3,240	▲7,259	▲4,567

영업이익으로 주된 사업에서 수익을 내고 있는지 확인해 봅시다. 이 회사는 영업 이익 적자가 해마다 늘어나고 있어 상당히 위험합니다.

Q 3 우리 회사는 수익이 나지 않지만,
모두 열심히 영업 실적을 올리고 있습니다.
재무제표를 통해 문제점을 알 수 있는
방법이 있을까요?

A 3

손익계산서의
판매비와 관리비를 확인해 봅시다.

여러분의 회사는 열심히 영업 실적을 올리고 있습니다. 그럼에도 불구하고 수익이 나지 않는다면, 인건비, 사무실 임대료, 수도광열비, 통신비 등 사업에 필수적인 비용인 '판매비와 관리비(판관비)'를 점검해 볼 필요가 있습니다. 여기서 여러분의 지출 습관에 대해 생각해 보세요. 아무리 열심히 일해 월급을 받아도 낭비가 많으면 저축이 늘지 않겠죠? 회사

손익계산서의 예시(발췌)

(단위: 백만 원)

	2023년 2월기	2022년 2월기	2021년 2월기
매출총이익	77,413	77,965	77,702
판매비와 관리비	77,914	72,985	70,509
영업이익	▲501	4,979	7,193

열심히 벌어도 낭비만 하면 돈이 쌓이지 않는 것과 마찬가지입니다. 판관비가 너무 많이 들어가면 회사는 돈을 벌지 못합니다.

도 마찬가지입니다. 모든 직원이 열심히 일해서 수익을 올리더라도, 판관비에 너무 많은 비용이 들어가면 주된 사업에서 얻는 이익인 '영업이익'은 줄어들게 됩니다.

어디에 비용이 많이 들어가는지 알고 싶다면, 판관비 내역을 자세히 살펴보는 것도 좋은 방법입니다. 특히 인건비가 너무 많다면, 여러분의 회사 직원들이 예상보다 높은 급여를 받고 있을 수도 있습니다.

- 주된 사업의 수익성 여부를 알기 위해서는 영업이익을 확인하자
- 회사가 돈을 벌지 못하는 것은 판관비가 많기 때문일지도…

투자 실패나 거액의 퇴직금이 수익을 압박하는 것도…

관리비가 영업이익에 큰 영향을 주지 않는데도 수익이 나지 않는다면, 회사가 주된 사업 외의 투자에서 실패했을 가능성도 있습니다. 이를 확인하려면 손익계산서에서 영업 외 비용 항목을 살펴보세요. 이 수치가 크다면, 회사의 결산 설명회 자료를 참고하거나, 회사의 성적표 및 건강 진단서에 해당하는 증권신고서를 읽어보는 것이 좋습니다.

손익계산서의 예시(발췌)

	(단위: 백만 원)
매출액	6,875
매출원가	2,071
매출총이익	4,804
판매비와 관리비	5,013
영업이익	▲209
기타수익	85
기타비용	80
금융수익	37
금융비용	250
법인세비용차감전손익	▲415
법인세비용	25
법인세 등 조정금액	13
당기순이익	▲454

먼저 판매와 관리비를 확인하세요.

판관비가 너무 크다면 금융비용도 체크해 봅시다.

 또한, 회사가 가까운 장래에 많은 직원들이 퇴사하거나 구조조정을 계획 중이라면, 퇴직금 지급을 대비해 퇴직급여충당금을 많이 쌓아두었을 가능성도 있습니다. 이는 재무상태표의 비유동부채 항목에서 확인할 수 있습니다. 회사의 미래 성장 가능성이 낮다고 판단된다면, 구조조정 시 더 높은 퇴직금을 받고 이직을 고려하는 것도 나쁘지 않은 선택일 수 있습니다.

재무상태표 예시(발췌)

(단위: 백만 원)

	직전 사업연도 2022년 3월 31일	당 사업연도 2023년 3월 31일
비유동부채		
회사채	290,000	441,980
퇴직급여충당금	340,706	348,540
기타	156,072	164,423
비유동부채 합계	786,779	954,944
부채 합계	5,168,488	5,266,718

퇴직급여충당금을 많이 쌓아두고 있을 가능성도.... 이 부분도 확인해봅시다!

Q ④ 취업을 희망하는 회사가 부채가 많은 것 같습니다. 부도가 날 위험이 있나요?

A ④

부채가 반드시 나쁜 것은 아닙니다.

기업이 부채를 지고 있다는 말을 들으면 경영이 잘 안 돼서 돈을 빌린 게 아닌가라고 생각하는 사람이 있을 수 있습니다. 하지만 부채가 반드시

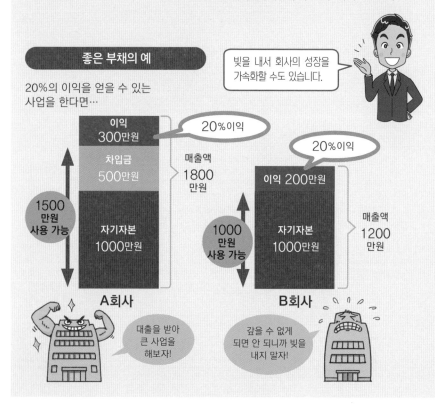

좋은 부채의 예

빚을 내서 회사의 성장을 가속화할 수도 있습니다.

20%의 이익을 얻을 수 있는 사업을 한다면…

이익 300만원
차입금 500만원
자기자본 1000만원
1500만원 사용 가능
A회사
매출액 1800만원
20%이익

이익 200만원
자기자본 1000만원
1000만원 사용 가능
B회사
매출액 1200만원
20%이익

대출을 받아 큰 사업을 해보자!

갚을 수 없게 되면 안 되니까 빚을 내지 말자!

나쁜 것은 아닙니다. 예를 들어, 새로운 제품을 개발하기 위해 연구 설비가 필요할 때, 회사의 자금만으로는 부족할 수 있기 때문에 은행에서 돈을 빌리는 것도 필요할 수 있습니다. 만약 개발된 상품이 성공을 거둔다면, 그 빚은 회사가 성장하기 위한 중요한 자금이라고 할 수 있습니다. 단, 그 빚이 회사의 규모와 재정 상황에 맞게 관리되는 것이 중요합니다.

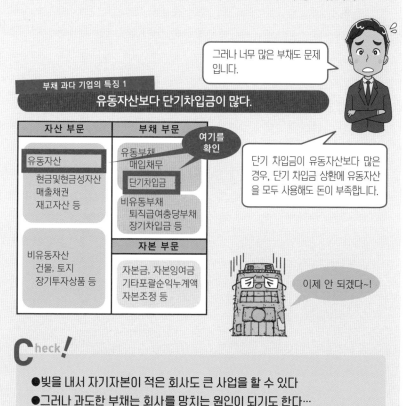

그러나 너무 많은 부채도 문제입니다.

부채 과다 기업의 특징 1
유동자산보다 단기차입금이 많다.

자산 부문	부채 부문
유동자산 현금및현금성자산 매출채권 재고자산 등	유동부채 매입채무 **단기차입금** 비유동부채 퇴직급여충당부채 장기차입금 등
비유동자산 건물, 토지 장기투자상품 등	**자본 부문** 자본금, 자본잉여금 기타포괄순익누계액 자본조정 등

여기를 확인

단기 차입금이 유동자산보다 많은 경우, 단기 차입금 상환에 유동자산을 모두 사용해도 돈이 부족합니다.

이제 안 되겠다~!

Check **!**

● 빚을 내서 자기자본이 적은 회사도 큰 사업을 할 수 있다
● 그러나 과도한 부채는 회사를 망치는 원인이 되기도 한다…

부채가 과다한지 아닌지
구분하는 방법?

적절한 부채는 회사가 성장하기 위한 중요한 기폭제가 될 수 있습니다. 하지만 과도한 부채는 회사에 큰 위험이 될 수 있습니다. 부채가 회사에 약이 될지 독이 될지는 여러 지표를 통해 판단할 수 있습니다.

175페이지에서 소개한 재무상태표의 유동자산과 단기차입금을 비교하

부채 과다 기업의 특징 2

Ⓐ 이자 지급 > 영업이익

Ⓑ 재무현금흐름 마이너스 > 영업현금흐름 플러스

위의 Ⓐ 는 주된 사업에서 벌어들인 수익이 빚을 갚는 데 쓰인다는 뜻이고,

Ⓑ 는 주된 사업에서 벌어들인 현금이 빚을 갚는 데 쓰인다는 뜻입니다.

벌어도 벌어도 빚을 갚느라 사라지는구나…

는 방법 외에도, 손익계산서의 이자 지급과 영업이익을 비교하는 방법, 그리고 현금흐름표에서 영업현금흐름과 재무현금흐름을 비교하는 방법이 있습니다. 한 가지 방법만으로 판단하지 말고, 여러 가지 방법을 종합적으로 검토하는 것이 중요합니다.

손익계산서 예시(발췌)   (단위: 천원)

영업이익	▲5,168,695
기타수익	
이자 부담	0
수취 배당금	19,803
보험 배당금	64,913
기타~	~
기타수익 합계	105,755
기타비용	
이자 지급	5,117
비유동자산 제거손실	2,819

주된 사업으로 벌어들이지 못하는 곳에 빚의 이자를 갚아야 하는 상황이 벌어지고 있습니다.

현금흐름표 예시(발췌)   (단위: 천원)

영업활동 현금흐름	▲2,608,098
투자활동 현금흐름	3,104,735
재무활동 현금흐름	197,618

돌려받을게요!

현금흐름표를 봐도 주된 사업에서 현금을 얻지 못하고 있고, 빚을 갚는 데 현금이 빠져나가고 있습니다.

어렵게 번 돈인데…

 ⑤ 상사로부터 우리 회사는 경비를
너무 많이 지출한다는 말을 들었습니다.
어디에 문제가 있는 걸까요?

A ⑤

직원이 너무 많거나
급여 수준이 너무 높을 것입니다.

손익계산서 예시(발췌)　　　(단위: 백만 원)

매출액	6,875
매출원가	2,071
매출총이익	4,804
판매비와 관리비	5,013
영업이익	▲209
기타수익	85
기타비용	80
금융수익	37
금융비용	250
법인세비용차감전손익	▲415
법인세비용	25
법인세 등 조정금액	13
당기순이익	**▲454**

매출총이익보다
판관비가 더
크다

비용이 너무 많이
든다는 것은 무슨
뜻인가요?

매출총이익보다 판관비가 많으면 주된 사업의 이익인 영업
이익이 마이너스가 됩니다.

혹시 상사에게 "경비를 너무 많이 쓴다. 더 줄여라"라는 지적을 받으셨나요? 만약 이것이 개인에 대한 충고라면 당신의 노력이 필요할 것입니다. 하지만 회사 전체의 문제라면 경영진의 경비 관리 방식이나 경영 전략에 문제가 있을 수 있습니다.

손익계산서   (단위: 천원)

매출총이익	20,942,191
판매비와 관리비	26,078,789
영업이익	▲5,136,598

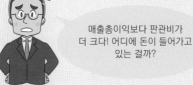

매출총이익보다 판관비가 더 크다! 어디에 돈이 들어가고 있는 걸까?

이를 확인하기 위해서는 손익계산서에서 매출총이익과 판매비와 관리비(판관비)를 비교해볼 수 있습니다.

매출총이익보다 판매비와 관리비가 더 많다면, 회사가 경비를 지나치게 사용하고 있을 가능성이 큽니다. 특히, 많은 기업에서 비용 중 가장 큰 비중을 차지하는 항목은 인건비입니다.

Check **!**
- 비용이 너무 많이 드는지 여부는 매출총이익과 판관비를 비교하면 알 수 있다
- 판관비는 급여(인건비)가 큰 비중을 차지한다

당신의 회사, 쓸데없이 사람이 많지는 않나요?

기업의 경비에서 가장 큰 원인 중 하나는 인건비가 과도하게 발생하는 경우입니다.

인건비가 너무 많이 드는 이유는 회사의 부가가치를 나타내는 매출총이익에 비해 직원 수가 너무 많거나, 직원 1인당 급여 수준이 너무 높기 때문입니다. 회사가 이 둘 중 어느 쪽에 해당하는지 파악하려면 인건비를

인건비가 너무 비싼 이유

매출총이익에 비해
직원이 너무 많다

매출총이익에 비해
급여 수준이 너무 높다

매출총이익으로 나눈 '노동분배율'을 계산해 볼 수 있습니다. 노동분배율은 회사가 창출한 부가가치 중 직원들에게 돌아가는 비율을 나타내는 지표입니다.

참고로, 한국 기업의 전 업종의 평균 노동분배율은 약 50%입니다. 업종마다 차이가 있지만, 노동분배율이 50%를 넘는다면 그 회사는 다른 기업에 비해 노동 생산성이 낮다고 평가할 수 있습니다. 이는 자동화나 IT로 처리할 수 있는 업무에 과도한 인력이 투입되고 있을 가능성이 높습니다.

$$노동분배율(\%) = \frac{인건비}{부가가치_{(매출총이익-재료비, 외주비 등)}} \times 100$$

부가가치(매출총이익-재료비, 외주비 등)에서 인건비가 차지하는 비율을 노동분배율이라고 하는데, 50%가 기준이지만 업종에 따라 차이가 있습니다.

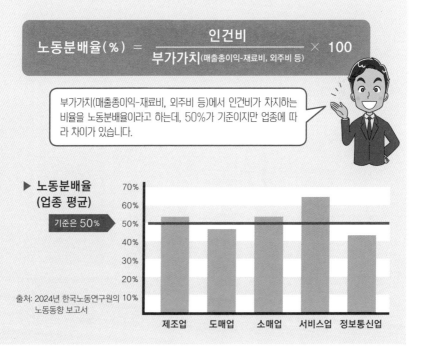

▶ **노동분배율 (업종 평균)**

기준은 50%

출처: 2024년 한국노동연구원의 10% 노동동향 보고서

제조업 도매업 소매업 서비스업 정보통신업

Q 6 최근 자주 듣게 되는
ROA, ROE란 무엇인가요?

A 6

**ROA와 ROE는 회사가 모은 돈이나
주주가 출자한 돈을 바탕으로 얼마나
수익을 내고 있는지를 알 수 있는 지표입니다.**

질문자께서 말씀하신 것처럼 ROA(총자산이익률)나 ROE(자기자본이익률)라는 용어를 자주 접할 기회가 많아졌습니다. 이 두 지표는 회사의 자산이나 자본을 얼마나 효율적으로 사용하여 수익을 창출하고 있는지 판단하는 중요한 기준입니다.

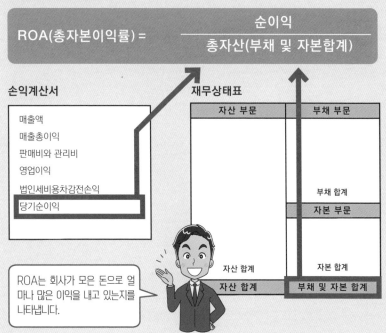

$$ROA(총자본이익률) = \frac{순이익}{총자산(부채 및 자본합계)}$$

손익계산서

매출액
매출총이익
판매비와 관리비
영업이익
법인세비용차감전손익
당기순이익

재무상태표

자산 부문	부채 부문
	부채 합계
	자본 부문
자산 합계	자본 합계
자산 합계	부채 및 자본 합계

ROA는 회사가 모은 돈으로 얼마나 많은 이익을 내고 있는지를 나타냅니다.

ROA에서 모은 돈을 효율적으로 쓸 수 있는지 알 수 있다

ROA(총자산이익률)는 회사의 법인세비용차감전손익(※경우에 따라 영업이익이나 당기순이익을 사용할 수 있음)을 총자산(부채 및 자본의 합계)으로 나누어 계산합니다. 이 지표는 회사가 조달한 자금을 얼마나 효율적으로 사용하여 이익을 창출했는지 평가하는 데 사용됩니다. 쉽게 말해, 자본을 얼마나 효율적으로 운용했는지를 알 수 있는 지표입니다.

그러나 ROA를 해석할 때 주의해야 할 점은 주된 사업 외의 수익과 손실(기타 수익, 기타 비용 등)이 ROA에 영향을 미칠 수 있다는 것입니다. 자산 운용에서 발생하는 수익이나 손실, 그리고 자금조달에 따른 비용이 ROA에 영향을 줍니다. 예를 들어, 새로운 사업이나 설비 투자를 위해 자금을 차입한 경우, 해당 차입금의 이자 비용이 법인세비용차감전손익을 감소시킬 수 있습니다.

> ROA가 높은 기업은 모은 돈을 효율적으로 사용하고 있다고 할 수 있습니다.

▶ ROA(총자본이익률)의 미국과 일본 추이

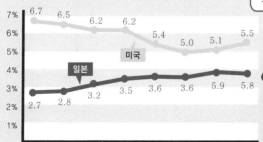

미국
7% 6.7 6.5 6.2 6.2 5.4 5.0 5.1 5.5

일본
2.7 2.8 3.2 3.5 3.6 3.6 5.9 5.8

2011년 2012년 2013년 2014년 2015년 2016년 2017년 2018년

출처: 경제산업성 「제1회 성장전략부 회의론 참고자료」 2019년 9월 17일

> 일본 기업의 ROA는 올라가고 있지만, 미국 기업에 비하면 아직은 모은 돈을 효율적으로 사용하지 못하고 있는 것 같네요.

※한국의 경우에도 비슷한 상황으로, 한국 기업의 ROA 역시 최근 몇 년간 소폭 증가했지만, 미국 기업보다 자산을 활용하는 효율성은 아직 낮습니다.

ROE(자기자본이익률)는 당기순이익을 자기자본으로 나누어 계산합니다. 이를 통해 회사가 투자자로부터 모은 돈(자기자본)으로 얼마나 많은 이익을 올렸는지를 알 수 있습니다. ROE는 당기순이익이 증가하거나 자기자본이 감소하면 수치가 올라가며, 수치가 높을수록 경영 효율이 좋은

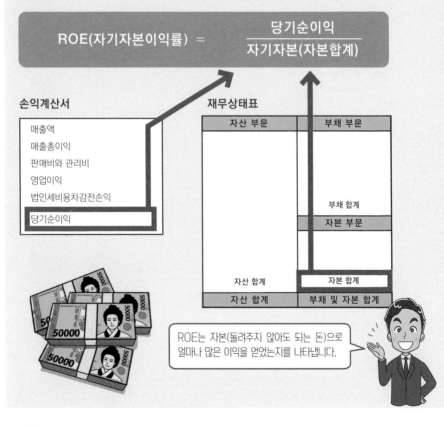

$$ROE(자기자본이익률) = \frac{당기순이익}{자기자본(자본합계)}$$

ROE는 자본(돌려주지 않아도 되는 돈)으로 얼마나 많은 이익을 얻었는지를 나타냅니다.

184

회사로 판단됩니다. 즉, 적은 자본으로 얼마나 효율적으로 이익을 창출하는지가 중요합니다. 주주 입장에서는 투자 자금이 효율적으로 활용되지 않으면 손해를 본다고 느낄 수 있습니다.

또한, ROE는 투자자뿐만 아니라 은행과 거래처 같은 다양한 이해관계자들이 주목하는 중요한 지표입니다.

▶ **ROE(자기자본이익률)의 일본, 미국, 유럽 추이**

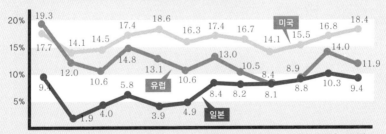

출처: 경제산업성 경제산업정책국 산업자금과 「사무국 설명자료」 2019년 11월

ROE가 높다는 것은 돌려주지 않아도 되는 돈(주주가 출자한 돈)을 효율적으로 사용하고 있다고 할 수 있습니다.

한국 기업의 ROE는 일본보다 2%정도 적다고 합니다. 한국이나 일본의 기업은 올라가고는 있지만 미국이나 유럽에 비해 여전히 비효율적입니다.

Q ⑦ 회사 자산이 감소하고 있습니다, 좋은 일인가요? 나쁜 일인가요?

A ⑦

단순히 불필요한 자산을 처분하는 것은 괜찮지만 경영이 어려워서 자산을 팔고 있을수도…

손익계산서

매출액
　매출원가
매출총이익
　판매비와 관리비
영업이익
　기타수익
　기타비용
　금융수익
　금융비용
법인세비용차감전손익
　법인세비용
　법인세 등 조정금액
당기순이익

전기에 비해 갑자기 큰 금액이 여기에 반영되었다.

현금흐름표

영업활동 현금흐름	⊖
투자활동 현금흐름	
재무활동 현금흐름	

이곳이 마이너스가 되고 있다

금융수익
비유동자산매각이익
금융비용

이런 경우, 경영난으로 인해 비유동자산을 매각했을 가능성이 있습니다.

▶ **현금흐름표로도 비유동자산 매각의 이유를 알 수 있다**

현금흐름표

여기가 장점 ⊕

| 영업활동 현금흐름 |
| 투자활동 현금흐름 |
| 재무활동 현금흐름 |

영업활동 현금흐름
⊖ 의 경우
경영난으로 자산을 헐값에 팔아치웠을 가능성 높음
⊕ 의 경우
필요 없어진 자산 매각 가능성 높음

'회사의 자산이 줄어들고 있다'는 사실을 어떻게 알 수 있을까요? 손익계산서의 비유동자산처분이익 항목이 갑자기 커졌다면, 회사가 부동산이나 공장 등 비유동자산을 매각했기 때문일 수 있습니다. 하지만 단순히 자산 매각이 회사의 경영 악화를 의미하지는 않습니다.

이를 명확히 하기 위해 현금흐름표의 영업현금흐름과 투자현금흐름을 살펴보는 것이 중요합니다. 영업현금흐름이 플러스이고 투자현금흐름이 플러스라면, 사용하지 않는 자산을 정리한 것일 수 있습니다. 그러나 영업현금흐름이 마이너스라면 자금난을 해결하기 위한 자산 처분일 가능성이 큽니다. 이러한 경우 회사의 경영상태를 주의 깊게 검토할 필요가 있습니다.

자산 매각이 단순한 재정 운용인지, 아니면 경영상의 어려움 때문인지를 파악하는 것이 중요합니다.

Check!
- 비유동자산 매각 이익이 갑자기 증가한다면 회사 자산을 팔고 있는 것이다
- 영업현금흐름이 마이너스로 자산이 줄어들고 있다면, 자금난에 시달려 자산을 헐값에 팔고 있는 것일 수도…

8 우리 회사, 대손충당금이 많은 것 같은데…

A 8

거래처의 대금 지급이 늦어지고 있다면 주의하세요.

자산 부문		부채 부문	
유동자산	○○○○	유동부채	○○○○
현금 및 현금성자산	○○○○	매입채무	○○○○
외상매출금	○○○○	단기차입금	○○○○
받을어음	○○○○	미지급금	○○○○
단기금융상품	○○○○	미지급비용	○○○○
재고자산	○○○○	기타	○○○○
파생상품자산	○○○○	비유동부채	○○○○
선급법인세	○○○○	장기차입금	○○○○
대손충당금	○○○○	퇴직급여충당부채	○○○○
비유동자산	○○○○	기타	○○○○
유형비유동자산	○○○○	부채 합계	○○○○
건물	○○○○	자본 부문	
토지	○○○○	주주자본	○○○○
구축물	○○○○	자본금	○○○○
기계장치	○○○○	자본잉여금	○○○○
무형비유동자산	○○○○	자기주식처분이익	○○○○
영업권	○○○○	이익잉여금	○○○○
개발비	○○○○	이익준비금	○○○○
투자자산	○○○○	기타임의적립금	○○○○
장기금융상품	○○○○	미처분이익잉여금	○○○○
장기투자상품	○○○○	기타포괄손익누계액	○○○○
기타	○○○○	비지배주주지분	○○○○
대손충당금	○○○○	자본 합계	○○○○
자산 합계	○○○○	부채 및 자본 합계	○○○○

이 2가지를 확인해보세요

외상매출금이나 받을어음 등 매출채권에 비해 대손충당금의 비율이 높다면 거래처로부터 돈을 회수하지 못했을 가능성이 있습니다.

재무제표를 보면 그런 것도 알 수 있구나!

대손충당금이 많다는 점을 발견하셨다면, 재무제표에 대한 깊은 이해를 시작하신 것입니다. 대손충당금이란, 거래처로부터 대금을 회수하지 못할 가능성에 대비해 설정한 금액입니다. 이를 확인하기 위해서는 재무상태표의 매출채권과 어음수취채권을 비교해보세요. 매출채권에 비해 대손충당금이 높다면, 거래처의 재정 상태가 악화되었거나 대금 지급이 지연되고 있을 가능성이 큽니다. 손익계산서에서는 대손충당금의 증가가 대손충당금 전입액으로 반영되어 이익이 줄어드는 것이 특징입니다.

즉, 대손충당금이 많다는 것은 회사의 거래처에 대한 신용 위험이 커지고 있음을 나타내며, 손익에 직접적인 영향을 미칩니다.

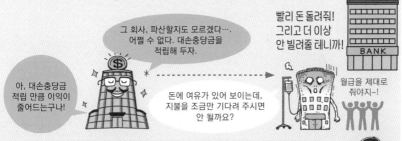

그 회사, 파산할지도 모르겠다….
어쩔 수 없다. 대손충당금을
적립해 두자.

아, 대손충당금
적립 만큼 이익이
줄어드는구나!

돈에 여유가 있어 보이는데,
지불을 조금만 기다려 주시면
안 될까요?

빨리 돈 돌려줘!
그리고 더 이상
안 빌려줄 테니까!

BANK

월급을 제대로
줘야지~!

재무상태표에 대손충당금을 계상하면 손익계산서에 대손충당금 전입금이라는
비용을 계상하는 것이 원칙입니다. 그만큼 이익이 감소하게 됩니다.

 Check**!**

● 매출채권에 비해 대손충당금 비율이 높다면 거래처로부터 돈을 회수하지 못했을 가능성 있음
● 대손충당금은 기업의 이익을 압박한다

맺음말

일류는 재무제표를 읽을 수 있다는 진실

이 책을 쓰게 된 계기는 많은 비즈니스맨들이 숫자에 어려움을 느끼고 있다는 사실을 알게 되었기 때문입니다.

외국계 회계법인에서 일할 때부터 '숫자에 약한 경영자들이 많다'는 것을 어렴풋이 느꼈습니다. 창업 후 동료 창업가들과 교류하면서 그 확신은 더 깊어졌습니다.

듣자 하니, 경영 상태에 신경 쓰는 사장님들조차도 재무제표를 제대로 보지 않는 경우가 많다고 하더군요.

애초에 재무제표를 읽지 못하는 이유는 학교나 회사에서 제대로 배우지 않았기 때문입니다. 회계학을 전공하거나 관련 부서에서 일하지 않는 이상, 자발적으로 공부하지 않으면 배울 기회가 거의 없습니다.

또한, "재무제표를 읽고 분석하는 지식을 습득하고 싶지만, 숫자에 대한 거부감 때문에 어려움을 겪는다"는 이야기도 자주 들었습니다. 많은 사장님들이 뛰어난 영업력이나 리더십을 가지고 있지만, 숫자에 대한 이해 부족이 재무제표를 외면하는 이유일 수 있습니다.

하지만 이것만으로 충분할까요?

일류 비즈니스맨들은 숫자에 강하며 재무제표를 읽고 비즈니스에 활용할 줄 압니다. 중요한 것은, 일류가 되려면 재무제표를 읽을 줄 알아야 한다는 것입니다. 다시 말해, 숫자에 두려움을 가지거나 재무제표를 읽지 못하면 일류가 될 수 없습니다.

숫자 능력이 향상되면 영업, 협상, 프레젠테이션, 회의 등 다양한 업무에서 큰 도움이 될 것입니다. 거래처나 상사로부터 높은 평가를 받을 것이고, 성과 향상과 승진에도 유리하게 작용할 것입니다. 또한, 이직, 창업, 부업을 할 때도 큰 도움이 됩니다. 숫자에 강해지면 성공의 길이 열리고, 창업과 이직도 한층 쉬워집니다.

우선 자신의 회사나 취업을 희망하는 회사의 재무제표를 읽을 수 있어야 합니다. 나아가 재무제표를 분석하고 비즈니스에 응용할 수 있는 숫자 능력을 기르는 것이 목표입니다. 단 80분의 집중으로도 반드시 성과를 거둘 수 있습니다.

2024년 10월 카나가와 아키노리

카나가와 아키노리(저자)

공인회계사, 경영컨설턴트, 비즈니스 프로듀서, 출판 프로듀서, 사업가, 작가

미에현 출신, 입명관대학 산업사회학부 졸업. 대학 재학 중에 공인회계사 시험에 합격하고, 세계 최대 규모를 자랑하는 회계사무소 딜로이트 터치 토마츠 그룹의 유한책임감사법인 토마츠에서 근무한 뒤 독립. 토마츠에서는 부동산, 보험, 자동차, 농업, 음식, 컨설팅 업계 등 다양한 업종과 업태의 회계감사, 내부통제감사를 담당했다. 많은 성공자들로부터 배운 경험을 살려 경영컨설턴트로 독립하고, 부동산, 보험대리점, 출판사, 광고대행사 등 다양한 비즈니스 프로듀싱에 참여했다. '양에서만 질이 탄생한다'를 미션으로 삼아, 한 사람이라도 많은 사람에게 전달하기 위해 글쓰기 활동을 시작하고, 비즈니스서, 자기계발서, 소설 등 다양한 장르에서 베스트셀러를 연이어 내고 있다.

저서에는 『1시간으로 10배의 성과를 내는 최강 최속 스킬 시급 사고』(스바루사), 『공인회계사이자 사업가이기에 알려줄 수 있는 '대단한 회계 사고'』(포플러사), 『돈 버는 말솜씨 '바로 할 수 있는' 팁』(미카사출판), 『일과 인생을 급변시키는 입력의 교과서』(SB크리에이티브), 『싫은 일은 죽어도 하지 마라』(KADOKAWA) 등이 있다.

김종원(감수)

공인회계사, 서울대학교 중어중문학과 졸업, 회계감사(정선골재그룹, 플랜티어학원, 주광정밀 외), 세무업무(현대자동차, 기아자동차, 메르세데스벤츠코리아, 한국타이어, 기업은행, 게이티, 현대엠코, 나이키스포츠코리아 등 세무조정 및 자문)

80분에 마스터한다!

 재무제표

초판 1쇄 인쇄 2024년 10월 28일
초판 1쇄 발행 2024년 11월 15일

지은이   카나가와 아키노리
마케팅   ㈜더북앤컴퍼니
펴낸곳   도서출판 THE 북
출판등록   2019년 2월 15일 제2019-000021호
주소   서울특별시 영등포구 양평로12가길 14 310호
전화   02-2069-0116
팩스   02-2069-0117
이메일   thebook-company@naver.com

ISBN   979-11-987029-9-9 (03320)

80PUN DE MASTER! "GACHISOKU" KESSANSHO NYUMON by Akinori Kanagawa
Copyright © Akinori Kanagawa 2020
All rights reserved.
Original Japanese edition published by FUSOSHA Publishing, Inc., Tokyo.
This Korean language edition is published by arrangement with FUSOSHA Publishing, Inc., Tokyo
in care of Tuttle-Mori Agency, Inc., Tokyo through JM Contents Agency Co., Seoul.